Carl Scholl

Aus dem Leben einer freien Gemeinde

Denkschrift über die neuesten Vorgänge in der freireligiösen Gemeinde zu Mannheim

Carl Scholl

Aus dem Leben einer freien Gemeinde
Denkschrift über die neuesten Vorgänge in der freireligiösen Gemeinde zu Mannheim

ISBN/EAN: 9783743439658

Hergestellt in Europa, USA, Kanada, Australien, Japan

Cover: Foto ©Lupo / pixelio.de

Manufactured and distributed by brebook publishing software (www.brebook.com)

Carl Scholl

Aus dem Leben einer freien Gemeinde

Aus dem Leben einer freien Gemeinde.

Denkschrift

über die neuesten Vorgänge

in der

freireligiösen Gemeinde zu Mannheim.

Im Auftrage des Vorstandes verfaßt

von

Carl Scholl.

Motto:
„Unser Gott heißt ja nicht: Gewohnheit
sondern Wahrheit." Luther.

Mannheim.
Buchhandlung von Tobias Löffler.
1863.

Vorwort.

Es sind zwei sich widersprechende Gefühle, mit denen ich an die Abfassung dieser Denkschrift gehe. Ich, wie alle Mitglieder der hiesigen freireligiösen Gemeinde, haben geglaubt, daß die Erklärungen, welche bisher schon von unserer Seite über die neuesten Vorgänge in unserem Gemeindeleben in öffentlichen Blättern gegeben worden sind, hinreichen werden, um Jeden, dem es um Wahrheit zu thun ist, in Stand zu setzen, daß er sie richtig beurtheilen könne. Wir haben uns aber getäuscht. Bis zur Stunde sehen wir uns den entstellendsten Beurtheilungen ausgesetzt, und zwar beschränken sich diese nicht auf den Kreis unserer nächsten Umgebung, sondern sie wurden durch die Presse — in unserer nächsten Nähe besonders durch die „Bad. Landeszeitung" — in weitere Kreise verbreitet. Diesen Entstellungen gegenüber, sind wir es uns und unserer Sache schuldig, eine ausführlichere Darstellung des Geschehenen der Oeffentlichkeit zu übergeben, und weil der Vorstand der freireligiösen Gemeinde mich mit dieser Arbeit beauftragt hat hat, so fühle ich mich daher zur Uebernahme derselben doppelt verpflichtet.

Indem ich aber an diese Arbeit gehe, kann ich mir nicht verhehlen, daß die Darstellung des Geschehen nicht möglich ist, ohne Dinge an's Tageslicht zu ziehen, deren Wiederauffrischung mir selber schwer fällt, die mir aber außerdem von anderer Seite den Vorwurf zuziehen wird, daß ihre Veröffentlichung nur dazu führen kann, das bestehende Zerwürfniß in der Gemeinde zu verlängern. Das Schwere dieses Vorwurfs fühle ich, und fühle es um so mehr, je mehr ich selbst das Aufhören des Zerwürfnisses aufrichtig wünsche.

Wenn ich daher trotz dieser widerstreitenden Gefühle an die Ausarbeitung dieser Denkschrift gehe, so ist es mir nur dadurch möglich, daß ich eine Versöhnung beider in dem höheren Gedanken finde: was ich niederschreibe, geschieht im Dienst der Wahrheit. Ich bin mir bewußt, auch nicht die entfernteste Absicht zu haben, irgend jemand wehe zu thun, irgend jemand persönlich zu nahe zu treten; ich habe keine andere Absicht, als die Vorgänge in unserem Gemeindeleben ihrem ganzen Verlauf nach zu schildern, damit die Welt wisse, was in unserer Mitte vorgegangen, und ich habe keine andere Rücksicht, als die der möglichsten Genauigkeit, Vollständigkeit und Wahrheit. Ich bin mir aber auch bewußt, daß, abgesehen von den einzelnen Persönlichkeiten, die Vorgänge, um welche es sich handelte, zumal die in Betreff des „Abendmahls," unter den Fragen der gegenwärtigen religiösen Bewegung eine so wichtige Stelle einnehmen, und in ihrem weiteren Verlaufe von so tiefeingreifenden Folgen sein können, daß ihre ausführliche Darstellung ebenso gegenüber den Zeitgenossen eine Pflicht ist, als es der Mannheimer freireligiösen Gemeinde später wird als ein Verdienst angerechnet werden, durch ihr überzeugungstreues Vorgehen zur Lösung dieser Frage den ersten Anstoß gegeben zu haben.

In diesem Sinne ist die folgende Darstellung geschrieben, in diesem darf ich verlangen, daß sie auch aufgenommen wird.

Ueber den schließlichen Ausgang des schwebenden Zerwürfnisses möge man ruhig sein! Die freireligiöse Gemeinde hat es jetzt schon erfahren, daß in Folge desselben ihr inneres Gemeindeleben, das Verhältniß von Mitglied zu Mitglied, das Anschließen des Einen an den Anderen ein innigeres, herzlicheres, engeres und festeres geworden ist, ja, selbst mehrere neue Mitglieder haben sich gerade in jüngster Zeit uns angeschlossen. Das Zerwürfniß hat reinigend und stärkend zugleich gewirkt. Es geht seit dieser Zeit ein frischerer, kräftigerer Geist durch Alle. Wer gleichgültig war, der schaart sich jetzt um die Fahne; wer schwankend war, ist fester geworden in seiner Ueberzeugung; wer vorher schon fest gewesen, der ist es jetzt doppelt.

Darum vorwärts, ohne Zagen, ohne Furcht! Je größer das Ziel ist, je geschlossener die Gegner der einfachen Menschheitsreligion, die siegesgewiß über alle überkommenen kirchlichen Formen hinwegschreitet, ihr entgegentreten, desto mehr thut noth: die Treue der Ueberzeugung! Vorwärts, ihr Kleingläubigen, vorwärts ihr Rücksichtsvollen! Der Friede ist schön, wenn er sich vereinen läßt mit unseren Grundsätzen; — wo diese aber auf dem Spiele stehen, da wünschen wir ihn — wie Luther — „in die unterste Hölle!"

Mannheim, Anfang Februar 1863.

Carl Scholl.

1. Die Abänderung der Gemeinde-Verfassung, und was ihr vorherging.

Die neuesten Vorgänge und die Anklagen, welche sie der freireligiösen Gemeinde zugezogen, können nur dann richtig beurtheilt werden, wenn man weiß, was im Lauf der letzten Jahre Vorbereitendes im Leben der Gemeinde vorging.

Die Gründung der Gemeinde fiel in das Jahr 1845. Die ausdrückliche staatliche Anerkennung, deren sie nach den früheren Gesetzen bedurfte, erhielt sie am 20. April 1846, und das Recht einer Korporation am 19. Mai 1848. Den Namen betreffend, nannte sich die Gemeinde „**deutsch-katholisch**", weil sie ihre Entstehung zunächst dem Gegensatz zu der **römisch-katholischen** Kirche verdankte und ihre ersten Mitglieder lauter solche waren, welche zwar von der **römischen** Kirche sich losgesagt, aber nach wie vor sich als **Katholiken**, d. h. als Mitglieder der allgemeinen Kirche betrachteten. Von Seiten der Regierung wurde ihr diese Benennung Anfangs verweigert, und erhielt sie ihre Anerkennung nur unter dem Namen „**Dissidenten**", oder „**Verein der Anhänger des Leipziger Glaubensbekenntnisses**"; erst mit Ertheilung des Korporationsrechtes im Jahr 1848 ward auch von Seiten der Regierung der Name „**deutsch-katholisch**" anerkannt.

Wie vorauszusehen, kam jedoch das Ungenügende, das Unrichtige und einseitig Beschränkende dieses selbst gewählten Namens im Lauf ihrer Weiterentwicklung der Gemeinde zum Bewußtsein. Nicht nur schlossen sich ihr allmählig auch solche Mitglieder an, welche aus der protestantischen Kirche austraten, weil sie in den neuen Gemeinden überhaupt diejenigen begrüßten, deren Hauptaufgabe die Vereinigung aller bisher confessionell Getrennten sei, sondern es bildete sich auch im Großen allmählig eine innigere Annäherung zwischen den **deutsch-katholischen** Gemeinden und den — aus den „Lichtfreunden" hervorgehenden: **freien protestantischen**, welche ihrerseits, zunächst nur aus Protestanten bestehend, sich von der protestantischen Kirche getrennt hatten. Beide Theile erkannten mit der Zeit, was einzelne ihrer Mitglieder vom Anfang an klar vorausgesehn, daß ihr Ziel dasselbe, und diese mehr und mehr sich verbreitende Erkenntniß des gemeinsamen Zieles führte zuletzt dahin, daß beide Theile, die **deutsch-katholischen** Gemeinden einerseits, die **freien protestantischen** anderseits, unter einem **gemeinsamen** Namen einen Bund schlossen, welcher alle Reformgemeinden, mit nur wenigen Ausnahmen, zu einem einheitlichen Ganzen, vereinte.

Es ist das der Bund, welcher im Juni 1859 zu Gotha geschlossen wurde, und welcher sich in seiner Verfassung den Namen „**Bund frei-**

religiöser Gemeinden" beilegte. Dieser Name sollte bezeichnen, daß beide Theile sich eins wissen in ihrem, von den Kirchen unabhängigen, Streben nach freierer religiöser Fortentwicklung. Daher blieb es jedoch jeder einzelnen Gemeinde, welche diesem Bunde beigetreten war, freigestellt, ob sie für sich ihren früheren Namen beibehalten oder mit dem allgemeinen „**freireligiös**" vertauschen wolle, wie überhaupt die Verfassung dieses Bundes jeder einzelnen Gemeinde für ihre inneren Angelegenheiten die vollste Selbstständigkeit belassen und verbürgt hat.

Diesem „**Bund freireligiöser Gemeinden**" schloß sich auch die hiesige „**deutsch-katholische**" an.

Sie war bei der beschließenden Versammlung in **Gotha** durch ihren früheren Prediger Hrn. Heribert Rau vertreten gewesen, und dieser hatte ihr einen ausführlichen, bei den Gemeinde-Urkunden aufbewahrten Bericht über die dortigen Verhandlungen und Beschlüsse zugesandt, in welchem er seine Ueberzeugung dahin aussprach, „daß jetzt die Form gefunden sei, in welcher alle Reformgemeinden als ein festgegründeter Bruderbund dastehen, der Welt, dem Staat und den Feinden gegenüber, bei voller Wahrung aller individuellen Einheit der Gemeinden, wie der Einzelnen".

Dieser Bericht über die Gründung des „**Bundes freireligiöser Gemeinden**" in **Gotha** wurde am 26. Juni 1859 in einer Versammlung der hiesigen Gemeinde verlesen, und die Gemeinde befragt, ob sie dem Bund beitreten wolle oder nicht? Den Vorsitz in dieser Gemeindeversammlung führte der damalige Vorsitzende Herr Hack, Obergerichts-Advokat, und auf seinen besonderen Antrag wurde beschlossen: 1) **unbedingte Annahme der in Gotha entworfenen Bundesverfassung**, 2) **Anzeige des Beitritts der hiesigen Gemeinde an den Bundesvorstand**. Dieser Beschluß war einstimmig, und das darüber abgefaßte Protokoll enthält — worauf ich jetzt schon aufmerksam mache, damit die spätere Handlungsweise der Betreffenden gehörig gewürdigt werden kann! — unter andern die Unterschriften der Herren Hack und Ludwig Söllner. Somit war der bedeutende Fortschritt geschehen, daß die hiesige Gemeinde, dem Beispiel anderer folgend, in der Vereinigung mit den freiprotestantischen Gemeinden keine Gefahr mehr für die Entwicklung ihres eigenen Gemeindelebens erblickte, vielmehr ihrer Uebereinstimmung in dem wesentlichsten Grundsatz „freier Selbstbestimmung in allen religiösen Angelegenheiten" sich war bewußt geworden.

Dieser Anschluß an den „**Bund freireligiöser Gemeinden**" und diese unbedingte Annahme der Bundesverfassung fand, wie gesagt, statt **unter Vorsitz des Herrn Rath Hack und auf seine besondere Befürwortung**. Es muß diese Thatsache deswegen festgehalten werden, weil im Verlauf der Sache es sich zeigen wird, daß Herr Rath Hack, als es sich später darum handelte, klagend gegen die Stammgemeinde aufzutreten, sich soweit vergessen hat, daß er diesen Anschluß an den Bund freireligiöser Gemeinden und diese Annahme der Bundesverfassung als einen Klagepunkt hinstellte, **obgleich unter seinem eigenen Vorsitz und auf seine Befürwortung beides war beschlossen worden**! Noch bemerke ich, daß an diesem Beschluß ich selber keinen Antheil habe, da ich erst im Juli 1860 meine Stelle als Prediger wieder antrat, und nach einer Abwesenheit von dreizehn Jahren erst damals wieder meinen Wohnsitz in Mannheim nahm. Daß die Gemeinde in der That aber, im Vergleich zu den Jahren 1846 und 1847, wo ich zum ersten Mal in ihrer Mitte wirkte, einen inneren Fortschritt gemacht hatte, das bewies mir außerdem der gleich nach meinem Wiedereintritt mehrfach in ihr lautwerdende Wunsch, nicht nur bei diesem Anschluß an den „Bund der freireligiösen Gemeinden" es bewenden zu lassen, sondern für sich selber auch den bisherigen Namen „**deutsch=katholisch**" mit dem andern „**freireligiös**" zu vertauschen.

Obgleich ich mich jedoch überzeugt hatte, daß dieser Wunsch von Vielen getheilt werde, und ich von diesen aufgefordert wurde, diese Aenderung mitbewirken und beantragen zu helfen, so werden mir doch gewiß diese Mitglieder es bezeugen, daß, so sehr ich natürlich für meine Person damit einverstanden war, ich dennoch mich dahin erklärte, „es sei besser, mit dieser definitiven Namensänderung noch einige Zeit zu warten, weil ich doch zu kurz erst wieder in der Gemeinde sei, um beurtheilen zu können, wie viele andere noch am alten Namen hängen, und auch aus dem Grunde, damit es nicht gleich im Anfang wieder heiße, ich sei der Anstifter." Das Einzige, was ich darauf Hinzielendes that, war, daß ich in meinen Vorträgen vor der Gemeinde die Bezeichnung „**deutsch=katholisch**" entweder ganz vermied, oder doch jedesmal darauf hinwies, daß die andere nach meiner persönlichen Ansicht die richtigere sei, und daß ich bei allen Veröffentlichungen einzelner meiner Vorträge mich „Prediger der freireligiösen Gemeinde in Mannheim" nannte, wobei ich die Bezeichnung „deutsch=katholisch" nur in einer Parenthese beifügte.

Die Sache war aber so reif, daß noch vor Abschluß des ersten Jahres seit meinem Wiedereintritt, und zwar nicht durch mich, der definitive Antrag auf Aenderung des Namens gestellt und am 9. Juni 1861 einer Gemeindeversammlung zur Beschlußfassung vorgelegt wurde. Der Antrag wurde gestellt von dem Vorsitzenden der Gemeinde selber, Herrn Rath Hack, und wurde einstimmig angenommen. Es ist das die zweite Thatsache, die man bei Beurtheilung dieser Vorgänge festhalten muß, weil es sich im Verlauf der Sache zeigen wird, daß wieder **derselbe Mann**, welcher diesen Antrag im Interesse der Gemeinde stellte und befürwortete, Herr Rath Hack, ihn später, wo er es seinen Zwecken dienlicher fand, als Anklagepunkt **gegen die Gemeinde** benutzte! Als Hauptgrund dieser Umänderung des Namens wurde nicht nur die Rücksicht auf den Anschluß „**nicht Deutscher**" an unsere religiöse Reform, sondern überhaupt das Ungenügende des alten Namens hervorgehoben, da es sich bei unserer Reform nicht blos um einen Gegensatz zur römisch=katholischen Kirche, sondern um die **Vereinigung Gleichgesinnter aus allen Confessionen** handle, und unsere Gemeinden jetzt schon eine Menge **Protestanten** und selbst einzelne **Juden** zu ihren Mitgliedern zählen. Es heißt deßwegen im Protokoll jener Gemeindeversammlung wörtlich: „die deutsch=katholische Gemeinde in Mannheim, dem Beispiel einer großen Zahl von Schwestergemeinden folgend, findet es an der Zeit und beschließt, ihren bisherigen Namen „**deutsch=katholisch**" in „**freireligiös**" umzuändern, weil der bisherige ihrem eigentlichen innersten Lebensgrundsatz schon lange nicht mehr entspricht". Als neuen Beweis aber, wie wenig voreilig ich selber in dieser Sache verfuhr, darf ich anführen, daß, obgleich die Gemeinde einstimmig sich für Umänderung ihres Namens ausgesprochen hatte, ich es war, der den nachträglichen Antrag stellte, „die definitive Annahme des neuen Namens solle noch so lange verschoben werden, bis wir bei der nahebevorstehenden Versammlung der südwestdeutschen Gemeinden in Frankfurt dort unsern Entschluß mitgetheilt, und namentlich daß die Gemeinde sich des Widerspruches ihres alten Namens mit ihrem fortgeschrittenem Bewußtsein war klar geworden, und er hing daher innerlich mit dem Bedürfniß einer Revision ihrer Verfassung überhaupt zusammen. Niemals aber hat es sich darum gehandelt, die ursprünglichen religiös-reformatorischen Grundsätze, welche den eigentlichen Charakter der Gemeinde ausmachen, irgendwie zu beseitigen; im Gegentheil das Einzige, um das es sich bei der folgenden Verfassungsänderung handelte, war vielmehr nur die consequentere, folgerichtigere Durchführung derselben.

Zu dieser thatsächlichen und förmlichen Aenderung der Verfassung gehe ich jetzt über. Sie ist der dritte Punkt, und zugleich der hauptsächlichste, über welchen sich diese ganze Darstellung zu verbreiten hat, denn sie war es, welche zunächst die Zerwürfnisse nach sich zog, über welche so viele Entstellungen auch in die außerhalb unserer Gemeinde liegenden weiteren Kreise gedrungen sind.

Die Gemeindeversammlung, in welcher zum ersten Mal darüber berathen und beschlossen wurde, fand statt am 24. Nov. 1861, nachdem sie, wie alle früheren, auf verfassungsmäßigem Wege durch dreimaliges Ausschreiben in den beiden hiesigen Blättern vorher angezeigt war. Sie fand statt auf Antrag des Herrn Rath Hack, welcher die Nothwendigkeit einer Verfassungsänderung in einer vorhergehenden Vorstandssitzung begründet hatte. Die Verhandlungen jener Gemeindeversammlung betreffend, heißt es in dem Protokoll wörtlich: „Die Frage, ob unsere Verfassung vom Jahre 1849 einer Revision bedürftig erscheint, wurde einstimmig bejaht, und auf die zweite Frage, in welcher Art und Weise die Revision vorgenommen werden solle, wurde der Antrag des Herrn Rath Hack, daß der Vorstand, um die Vorarbeiten zu machen, unter sich eine Commission ernennen soll, einstimmig angenommen."

Also auch dieser Antrag auf Abänderung der Verfassung war ausgegangen und befürwortet worden vom Herrn Rath Hack im Interesse der Gemeinde, was wieder wohl beachtet werden muß, weil derselbe Mann später, wo er es seinen Zwecken dienlich fand, auch diese Verfassungsänderung als Anklage gegen die Gemeinde benutzte!

Ich selber hatte in Betreff der Vorarbeiten mich dahin ausgesprochen, daß es gut sein werde, wenn diese nicht blos von einer zu wählenden Commission, sondern in der Weise vorgenommen würden, daß jedes Gemeindeglied das Recht habe, den Sitzungen der Commission beizuwohnen und seine Ansichten offen auszusprechen, und daß zu diesem Zweck die Sitzungen der Commission jedesmal in den hiesigen Blättern angezeigt würden. Mein darauf gegründeter Antrag wurde auch einstimmig angenommen und heißt es daher im Protokoll: „Herr Scholl beantragte, zu den Berathungen dieser Commission die Mitglieder unserer Gemeinde öffentlich in den hiesigen Zeitungen einzuladen, um auch deren Meinungen dabei zu hören, was ebenfalls einstimmig angenommen wurde."

Solcher vorberathender und öffentlich angesagter Versammlungen fanden zwei statt, und es betheiligten sich an ihnen jedesmal einzelne Mitglieder, welche, obgleich nicht zur Commission gehörend, doch ihre Ansichten gegenseitig mit dieser austauschten. Es muß aber hier schon bemerkt werden, daß von allen Denjenigen, welche später die geänderte Verfassung am meisten angriffen und als Wortführer der Minderheit auftraten, welche namentlich den unbegründeten Vorwurf erhoben, „die Verfassungsänderungen hätten vorher der Gemeinde erst vorgelegt werden müssen", — daß von ihnen Allen auch nicht ein Einziger es der Mühe werth fand, an diesen Vorberathungen Theil zu nehmen und seine Bedenken oder seine entgegengesetzten Ansichten auch nur zu äußern! Dieser gewiß gerechte Vorwurf trifft namentlich auch Herrn Rath Hack, er trifft ihn aber in um so höherem Maße, als Herr Rath Hack sogar als Mitglied in die Commission gewählt war, diese Wahl angenommen und sich niemals etwa wegen Mangel an Zeit oder sonst einer Verhinderung hatte entschuldigen lassen!

Er hatte zwar in der Zeit vor diesen Vorberathungen, am 8. Dez., dem Vorstand schriftlich die Erklärung zukommen lassen, daß er sich aus Rücksicht auf sein Alter und seine Gesundheit genöthigt sehe, seine Stelle als Vorstandsmitglied niederzulegen, und man könnte hierin um so mehr einen Entschuldigungsgrund zu sehen glauben, als er sich wörtlich folgendermaßen darin ausdrückt: "Angekommen an dem Ziele, wo Geist und Körper seine Funktionen einzustellen beginnt, wo namentlich ein der Erblindung nahes Augenübel auf den Geist schwer drückt, erfülle ich die traurige Pflicht" u. s. w. Wenn man aber bedenkt, daß trotz dieses körperlichen und geistigen Zustandes Herr Rath Hack hauptsächlich es war, der in dem folgenden Zerwürfniß der Gemeinde durch Wort und Schrift auf Seiten der Minderheit die Hauptrolle spielte, dann fällt auch für den Nichtbesuch jener Vorberathungen die Entschuldigung hinweg. Die Rede aber, daß man deßwegen weggeblieben sei, weil ja doch Alles schon vorher ausgemacht gewesen und die Minderheit doch keine Aussicht auf Geltendmachung ihrer Wünsche gehabt habe, diese Rede ist nichts anderes, als eine Ausrede. Ist es schon in politischen Dingen Mannespflicht, Alles aufzubieten, um seiner Ueberzeugung den Eingang zu verschaffen, selbst wenn wenig Aussicht auf augenblicklichen oder auf Erfolg überhaupt vorhanden, so ist dieses doppelt und dreifach Pflicht da, wo es sich um die innersten Angelegenheiten des Geistes und des Gemüthes, wo es sich um religiöse Angelegenheiten handelt.

Obgleich nun aber, wie gesagt, die späteren Wortführer der Minderheit in diesen Vorberathungen es nicht der Mühe werth hielten, nur zu erscheinen, so kamen doch durch die anwesenden Mitglieder manche Wünsche und Bedenken zur Sprache, welche bei Festsetzung der abzuändernden Statuten die ihnen gebührende Würdigung von Seiten der Commission fanden und zur Zufriedenheit aller Betheiligten erledigt wurden.

Das hauptsächlichste Bedenken wurde, im Interesse der Abwesenden, von mir selbst zur Sprache gebracht, — es betraf das **"Abendmahl"**.

Nach dem Antrag eines Mitgliedes der Commission, Herrn Müting, sollte nämlich in der abzuändernden Verfassung zwar auch von den verschiedenen Verpflichtungen des Predigers die Rede sein, von der Ertheilung des Religionsunterrichtes, den sonntäglichen Vorträgen, Einführung der Erwachsenen (Confirmation), Ansprache an die Neuvermählten (Trauung), Begrüßung der Neugebornen (Taufe), und von der Ansprache bei Begräbnissen, aber das bisher von der Gemeinde gefeierte Abendmahl sollte mit keiner Sylbe erwähnt werden.

Der wohlgemeinte Beweggrund des Antragstellers war die Voraussetzung, daß dadurch jeder Streit über diesen Gegenstand am leichtesten abgeschnitten werde.

Wer aber auch nur etwas auf einzelne Reden und Aeußerungen

geachtet hatte, welche in jener Zeit mehr oder weniger laut sich hören ließen und die ihren letzten Entstehungsgrund theils in der Erinnerung an die Vorträge hatten, welche ich im Lauf des vorhergehenden Jahres gerade über das Abendmahl gehalten hatte, theils in dem laut werdenden Wunsch Anderer, mit dieser Gemeindefeier eine Aenderung vorzunehmen, der mußte sich damals sagen, daß die Voraussetzung, durch Schweigen Streit zu verhüten, eine durchaus unbegründete war. Zudem aber erschien es mir, je mehr ich von der Bedeutung überzeugt war, welche dieser Feier in der Vergangenheit geschichtlich und welche ihr heute noch bei Tausenden thatsächlich zukommt, um so mehr Pflicht der Pietät, nicht mit Stillschweigen über sie hinwegzugehn, selbst wenn die ganze Gemeinde kein religiöses Bedürfniß mehr für sie hätte. Es schien mir aber auch Mannespflicht zu sein, ein offenes Bekenntniß über sie nicht zu scheuen.

Aus diesen Gründen, und wie ich hinzufügte, weil ich glaubte, daß Einzelne in der Gemeinde sich könnten beunruhigt fühlen, wenn sie das Abendmahl ganz übergangen sähen, also zur Beruhigung von diesen, stellte ich den Antrag, daß auch das Abendmahl in der zu ändernden Verfassung aufgeführt werde, und zwar in der Fassung, wie sie nachträglich auch von der Commission und später von der Gemeinde angenommen wurde.

Durch diesen meinen Antrag bezweckte ich somit zweierlei: Es sollte zuerst die Ueberzeugung, welche, sowie ich die Gemeinde jetzt, nach zweijährigem Wirken in ihr, zu kennen glaubte, die weitaus größere Mehrheit der Gemeinde in sich trug, und nach welcher für sie die Gedächtnißfeier von Jesus von Nazareth in Form des bisherigen Abend=mahles kein wahrhaft=religiöses Bedürfniß mehr war, diese Ueber=zeugung sollte zunächst ausgesprochen werden, damit Jedermann wisse, wie wir darüber denken. Darum heißt es, anschließend an die übrigen Verpflichtungen des Predigers in dem betreffenden Paragraphen der Verfassung, wie ich sie vorschlug:

§ 30. Ueber die Art und Weise, wie der Prediger die einzelnen Handlungen vorzunehmen hat, setzt die Gemeinde als solche, — da sie keine Sakramente, sondern nur freie Gebräuche anerkennt, keine bindende Form fest. Sie verlangt von ihm nur, daß sie in Ueberein=stimmung seien mit ihren religiösen Grundsätzen und nichts dabei vorkomme, was diesen widerspricht.

§ 31. Als Gesammtgemeinde behält sie sich vor, die Gedächtniß=feier großer Vorkämpfer, vor Allem auch die von Jesus von Nazareth, in würdigster Weise mit ihren Predigern zu begehen, aber sie bindet auch hierin weder sich noch ihren Prediger an eine be=stimmte Zeit oder Form.

Hiemit ist für Jeden, der nicht ganz vom Vorurtheil geblendet oder von böswilliger Verleumdungssucht erfüllt ist, klar und deutlich ausgesprochen, **daß die Gemeinde die Männer nicht vergessen hat und nicht vergessen will, welchen sie Dank und Verehrung schuldet für ihre Verdienste um die Menschheit, es ist klar und deutlich ausgesprochen, daß sie es für ihre Pflicht hält, ihr Andenken zu ehren durch eine entsprechende, würdige Feier ihres Gedächtnisses, es ist schließlich mit unverdrehbaren Worten gesagt, daß unter diesen Männern, deren Gedächtnißfeier sie „in würdigster Weise" zu begehen sich vorbehält, „vor Allem auch Jesus von Nazareth" nicht vergessen ist!** Einzig und allein die Form, in welcher eine solche

Gedächtnißfeier begangen werden soll, nur diese Form erklärt die Gemeinde für freigegeben, für abhängig von ihrer jeweiligen Entschließung. Sie verzichtet also in Beziehung auf Jesus von Nazareth auf die bisherige Form seiner Gedächtnißfeier — genannt das Abendmahl —, auf seine Gedächtnißfeier selbst verzichtet sie nicht.

Man sollte meinen, das sei klar, das sei deutlich gesprochen, das könne nicht entstellt und verdreht werden. Und doch, was ist Alles Schiefes, Verkehrtes, Unwahres, Sinn= und Bodenloses über diesen späteren Beschluß der Gemeinde gesagt und in Zeitungen und Broschüren gedruckt worden! Ich werde später darauf zu reden kommen.

Mein Antrag bezweckte aber in zweiter Linie auch eine ganz bestimmte Beruhigung Derjenigen, die etwa noch ein wirkliches religiöses Bedürfniß für die bisherige Form dieser Gedächtnißfeier, also für das „Abendmahl" haben mochten. Diesen zur vollen Beruhigung sollte gesagt werden, daß kein Mensch daran denke, ihnen das Abendmahl in der bisherigen Form irgend zu beeinträchtigen, viel weniger ihnen zu nehmen, — was ja der grellste Widerspruch mit dem Grundsatz der freien Gleichberechtigung wäre; es sollte ihnen gesagt werden, daß nach wie vor ihnen das Abendmahl bleibe, immer in der Voraussetzung, daß es ihnen ein wirkliches **persönliches** religiöses Bedürfniß sei, und nur in Beziehung auf die Gesammtgemeinde, welche der Mehrheit nach gegen die Gedächtnißfeier in Form als „Abendmahl" ist, nur in dieser Beziehung sollte ihnen gesagt werden, daß die Gesammtgemeinde es nicht feiert, und daß somit die wenigen Einzelnen, welche im Gegensatz zur weitaus größeren Mehrheit es feiern wollen, dieses **in ihrem Kreise** feiern sollen, welcher selbstverständlich im Vergleich zu dem der Mehrheit der „engere" ist. Dabei war ebenfalls selbstverständlich vorausgesetzt und wurde auch bei der beschließenden Gemeindeversammlung ausdrücklich bemerkt, daß der Ort, wo der engere Kreis, d. h. die Minderheit, ihr Abendmahl feiert, das **gemeinsame Lokal, die Gemeindehalle** ist. In diesem, und nur in diesem Sinn, wurde dem § 31 folgender Zusatz beigefügt:

„Denjenigen Mitgliedern, welche die Gedächtnißfeier des letzteren in der bisherigen Form (Abendmahl, Bundesmahl) zu begehen wünschen, bleibt es überlassen, dieses nach ihrer eigenen Anordnung, in ihrem engeren Kreise, unter sich zu thun."

Ich wiederhole nochmals, der letzte Beweggrund, der mich zu diesem ganzen Antrag bestimmte, sowohl in Beziehung auf eine Gedächtnißfeier überhaupt, als auf die Abendmahlsfeier der Einzelnen, die sie noch für sich wünschten, es war einerseits der Drang, offen vor aller Welt auszusprechen, was im Inneren der Gemeinde sich im Lauf der Jahre allmählig herausgestaltet hatte, als ihre gegenwärtige Ueberzeugung, ihr lebendiges Bewußtsein, anderseits der aufrichtige Wunsch, auch denjenigen gerecht zu werden, deren Herz noch an der bisherigen Abendmahlsfeier hing. Ich kann in der Form, worein ich meine gute Absicht kleidete, mich geirrt haben; es wäre, ich gebe es zu, besser gewesen, die stillschweigende Voraussetzung, daß die Abendmahlsfeier der Minderheit in der Gemeindehalle sein sollte — was aber in der beschließenden Gemeindeversammlung ausdrücklich zur näheren Erklärung auch bemerkt wurde —, in die Verfassung mit ausdrücklichen Worten aufzunehmen. In der Hauptsache aber, sofern es sich darum handelte, das Recht der Mehrheit mit dem Recht der Minderheit in Einklang zu bringen, habe ich mich bis zur Stunde noch nicht überzeugen können, daß in diesem Verfassungsparagraphen ein Unrecht gegen die Minderheit, ein Verstoß gegen die Grundsätze der Humanität, oder gar eine Beleidigung gegen alle übrigen Gemeinden enthalten sei. Ich habe mich davon nicht überzeugen können, trotz Allem, was darüber gesprochen und geschrieben wurde, und ich werde weiter unten, wo ich auf die gemachten Vorwürfe zu sprechen komme, meine Gründe näher entwickeln.

Was nun die Besprechung über diesen meinen Antrag in der vorberathenden Versammlung betrifft, so muß zweierlei bemerkt werden. Nachdem ich ihn in obigem Sinn erörtert und ausdrücklich dazu aufgefordert hatte, daß Jeder, ohne Rückhalt, seine Ansicht offen darüber aussprechen möge, fand die Besprechung in der würdigsten und brüderlichsten Weise statt. Man erkannte an, daß es gut sei, einen solchen Paragraphen oder einen ähnlichen in die Verfassung aufzunehmen, damit Jedermann wisse, wie wir zum Abendmahl stehen. Nur einer oder zwei der Anwesenden, welche nicht zur Commission selbst gehörten, äußerten das Bedenken, daß ein solcher Beschluß über das Abendmahl der Gemeinde **nachtheilig** werden könne. Sie wünschten, daß man Alles lasse, wie es bisher sei gehalten worden. **Für sich selber**, sagten sie Alle — mit Ausnahme eines Einzigen —, sei ihnen das Abendmahl kein Bedürfniß, aber sie wünschten es beibehalten von der ganzen Gemeinde **aus Rücksicht für die Kinder**, welche confirmirt werden, und **aus Rücksicht für Freunde** unserer Sache, welche uns durch Beiträge unterstützen und diese theilweise wenigstens, wie sie fürchteten, auf einen solchen Beschluß hin uns entziehen würden. Ein anderer Grund wurde nicht vorgebracht, und es ist das wohl in's Auge zu fassen, um die Zustimmung der überwiegenden Mehrheit zu dem Antrag in jener Vorversammlung desto begreiflicher zu finden. Es wurde auf diese Befürchtungen hin einfach erwiedert, daß, so sehr wir Jedem dankbar seien, der unsere Sache mit materiellen Mitteln unterstütze, diese Sache doch zu groß sei, als daß wir uns in unserem inneren, geistigen Gemeindeleben, in dem, was uns allein zu reformatorischen Gemeinden mache, durch eine solche ängstliche Rücksicht dürften beirren lassen. Die Kinder aber betreffend, wurde bemerkt, daß das Abendmahl nicht für Kinder bestimmt sei, und bloße Rücksicht auf diese nichts entscheiden könne.

Der Antrag wurde somit angenommen und fand seine Stelle in dem Entwurf der abzuändernden Verfassung. Damit war dieser überhaupt vollendet, und es handelte sich jetzt darum, nachdem der Entwurf dem früheren Beschluß gemäß in diesen Vorversammlungen, nicht nur von der Commission, sondern von dieser in Gemeinschaft mit den öffentlich eingeladenen übrigen Gemeindegliedern **Satz für Satz durchberathen** war, ihn vor eine zu berufende Gemeindeversammlung zu bringen, damit diese endgültig darüber beschließe. Daß in dieser Gemeindeversammlung die nämlichen oder ähnliche Stimmen, wie die obigen, ihre Bedenken äußern würden, das konnte man nach diesen Vorberathungen und dem, was im Lauf der folgenden Wochen hin und wieder geredet wurde, wohl voraussetzen; daß aber irgend ein tieferes Zerwürfniß entstehe, das zu befürchten, lag bis jetzt noch kein Anhaltspunkt vor, da wie gesagt, alles, was Bedenkliches geäußert worden war und noch wurde, sich auf das bereits Mitgetheilte beschränkte, und trotz aller Meinungsverschiedenheit noch keine persönlichen Gehäſſigkeiten und Gereiztheiten ſich gezeigt hatten. Das ſollte nun aber leider anders werden! Und indem ich mich anſchicke, wahrheitsgemäß mitzutheilen, wie und durch wen thatſächlich die bisherige bloße Meinungsverſchiedenheit zu einer unſeligen Parteiſache und Parteiſtreitigkeit gemacht wurde, muß ich einer Verſammlung erwähnen, die unmittelbar am Vorabend vor der Gemeindeverſammlung von einem Mitglied veranſtaltet wurde, welches von da an als einer der erſten Wortführer der „Nichteinverſtandenen" ſich aufwarf. Dieſe abgeſonderte Verſammlung war durch folgende Anzeige in einem hieſigen Blatte zuſammenberufen:

„Aufruf.

Die Mitglieder der freireligiöſen Gemeinde, welche an der morgen Abend im Badner-Hofe ſtattfindenden Verſammlung nicht theilnehmen, werden erſucht, ſich heute Abend 8 Uhr im Gaſthaus zur goldenen Gerſte zu verſammeln.

Ludwig Söllner."

Mit dieſem Aufruf, ich ſage es mit meiner vollſten Ueberzeugung, war die Fackel der Zwietracht in die Gemeinde hineingeworfen! Denn ſo viel wird jeder Unparteiiſche zugeben, wenn Einzelne in der Gemeinde mit der betheiligten Verfaſſungsänderung nicht einverſtanden waren, ſo war das nicht der Weg, den ſie zu betreten hatten! War es ihnen, als überzeugungstreuen Gliedern der Gemeinde, um die heilige Sache ſelbſt zu thun, ſo war der einzig rechte Weg, den ſie einzuſchlagen hatten, der, daß ſie in der allgemeinen Gemeindeverſammlung ſo zahlreich als möglich erſchienen, dort die Gründe für ihre entgegengeſetzte Anſicht geltend zu machen, und dort für ſich die Zuſtimmung noch Anderer zu gewinnen ſuchten. Vorher ſchon ſich vornehmen, in der Gemeindeverſammlung gar nicht zu erſcheinen, wie es dieſer Aufruf von Einzelnen vorausſetzt, und ſie darin beſtärkt, das iſt ein Beweis, daß man entweder den Muth nicht hatte, für ſeine Sache in die Schranken zu treten, ſelbſt wenn ſie keine Ausſicht auf augenblicklichen Erfolg hatte, oder es iſt ein Zeichen, daß man zur Bildung einer beſonderen Partei vorher ſchon entſchloſſen war. Wenn ihre Ueberzeugung Einzelne zwang, in Folge der Gemeindeverſammlung eine ſolche beſondere Partei zu bilden, dann wäre ihnen dieſes noch immer freigeſtanden. Indem ſie aber vorher ſchon dieſes thaten, haben ſie gegen den erſten Grundſatz freier Berathung verſtoßen und haben es ſelbſt verſchuldet, wenn in der Gemeindeverſammlung die Andern nur um ſo entſchiedener bei ihrer Anſicht verharrten.

Der Vorſtand der Gemeinde hatte gerade an jenem Abend eine Sitzung. Erfüllt von Sorge um den Frieden der Gemeinde, ſtellte ich den Antrag, es ſollten einige Mitglieder des Vorſtandes geradezu an den Ort der beabſichtigten Sonderverſammlung gehen, um die dort Verſammelten zu vermögen, daß ſie wenigſtens in der morgenden Gemeindeverſammlung erſchienen und dadurch ein tieferes Zerwürfniß verhütet werde. Ich ſelbſt wollte mitgehen, aber ich ließ mich durch das Bedenken zurückhalten, daß gerade mein Erſcheinen, weil man mir perſönlich vielleicht grolle, am wenigſten nützen könnte. Um ſo mehr freute ich mich, zu hören, daß der nächſte Zweck meiner Abſicht erreicht wurde und die in jener Sonderverſammlung Erſchienenen — deren es ungefähr 10 waren — ſich entſchloſſen, die morgende Gemeindeverſammlung zu beſuchen. Weniger erfreulich war freilich das, was dieſem Entſchluſſe dort vorausging. Denn es ließ in der That auf wenig friedliche Abſicht ſchließen, wenn der Unterzeichner obigen Aufrufs, Herr Ludwig Söllner — wie die Vorstandsmitglieder berichteten — beim Eintreten in die Sonderversammlung in wenig brüderlichem Tone ihnen in's Gesicht rief: „sie hätten hier gar nichts zu thun! Was sie wollten?", oder wenn er, selbst auf die Ermahnung eines seiner eigenen Parteigenossen, wiederholt erklärte, „man dürfe nicht in die morgende Gemeindeversammlung, man werde doch überstimmt". Noch weniger erfreulich war die andere Thatsache, daß Einer der dort Erschienenen, die doch hauptsächlich oder allein nur wegen des Abendmahls sich abzusondern den Anfang machten, über das Abendmahl selber sich eine Aeußerung erlaubte, die man auf dieser Seite gerade am wenigsten für möglich halten sollte. Er frug eines der Vorstandsmitglieder — da er selbst nicht einmal recht wußte, um was es sich handelte —, was denn der eigentliche Streitpunkt sei? Auf die Antwort, es sei besonders das Abendmahl, that er die Aeußerung: „Wenn's nur der Brocken Brot und der Schluck Wein ist — dann sind wir ja bald einig."

Ich führe diese Aeußerung an, weil sie gethan wurde, und weil ohne Kenntniß solcher Aeußerungen gerade über das Abendmahl, und gerade auf Seiten Derer, welche für das Abendmahl in die Schranken traten, ein vollständiges Urtheil über die ganze Angelegenheit gar nicht möglich ist. Ich denke natürlich nicht im Entferntesten daran, Alle zur Gegenpartei Gehörenden dafür verantwortlich zu machen, aber ich halte es für Pflicht, reinen Wein einzuschenken, damit man bemessen könne, wie gerade das Bekanntwerden solcher unwürdigen Aeußerungen über das Abendmahl von Einzelnen der Gegenpartei die Anderen, d. h. die Mehrzahl, in ihrem darauf bezüglichen Entschlusse nur um so mehr bestärkt habe. Und wäre es doch nur bei solchen Aeußerungen geblieben! Aber es fielen noch ganz andere, wenn auch der Zeit nach später. Derselbe, von dem ich obige erwähnt, und ganz in ähnlicher Weise ein anderer seiner Parteigenossen — der letzte sogar an einem öffentlichen Tische, in Gegenwart dritter Personen, entblödeten sich nicht, die Aeußerung zu thun: „Ich für meine Person...... auf das Abendmahl, aber für meine Kinder will ich's beibehalten haben." Ich habe meine Zeugen für die Wahrheit des Gesagten! Bei der letzten Aeußerung, welche nach bereits vollzogenem Ausscheiden der Minderheit aus der Gemeinde gethan wurde, war ein Protestant und ein Mitglied der Mehrheit anwesend. Der Protestant konnte nicht umhin, diesem Mitglied zu sagen, er gratulire ihm, daß der, welcher die Aeußerung gethan, aus der Gemeinde getreten sei.

Doch ich nehme den Faden der bisher innegehaltenen Zeitordnung wieder auf und komme jetzt an die Gemeindeversammlung selber, in welcher es sich um die Entscheidung über die Verfassungsänderung handeln sollte. Diese Versammlung wurde vorschriftsgemäß durch dreimaliges Ausschreiben in beiden hiesigen Blättern auf Freitag den 4. April 1862 anberaumt und fand an dem festgesetzten Tage statt.

Die Zahl der Erscheinenden betreffend, war sie, wie die Protokolle beweisen, größer, als in allen vorhergehenden Gemeindeversammlungen seit einer Anzahl von Jahren. Daß nicht, wie zu wünschen gewesen wäre, noch mehr erschienen, hat seine Erklärung theils in der Erfahrung aller solcher Körperschaften, ohne Ausnahme, wo sich ganz dieselbe Thatsache von Jahr zu Jahr wiederholt, theils in dem früher schon berührten Grund, daß Einzelne, die mit der Verfassungsänderung, wenigstens im Punkt des Abendmahls nicht einverstanden waren, es nicht der Mühe werth hielten, der Mehrheit gegenüber ihre entgegengesetzte Ansicht zu verfechten. Es erschienen in dieser Gemeindeversammlung 58 stimmfähige Mitglieder, darunter auch die aus der Vorversammlung am Abend vorher, während in den vorhergehenden Gemeindeversammlungen die Gesammtzahl sich selten über 30 belaufen hatte.

Der Vorsitzende, Herr Stoll, eröffnete die Versammlung mit einer kurzen Ansprache, in welcher er die Wichtigkeit der heutigen Verhandlungen hervorhob und Jeden aufforderte, offen und ohne Rückhalt seine Ueberzeugung auszusprechen. Es wurde sodann das Protokoll der vorhergehenden Gemeindeversammlung vom 24. Nov. 1861 verlesen, sowie auch der ganze Entwurf der abgeänderten Verfassung, wovon zugleich gedruckte Exemplare unter die Anwesenden vertheilt wurden. Darauf begannen die Verhandlungen in der Weise, daß ein Paragraph nach dem andern, jeder für sich, noch einmal verlesen, und zur Meinungsäußerung darüber aufgefordert wurde. Es waren im Ganzen 32 Paragraphen und das Ergebniß der Besprechung war, daß nur an zwei Stellen sich eine Meinungsverschiedenheit kund gab. Paragraph 1—5 mit der voranstehenden Einleitung wurden ohne die mindeste Einrede einstimmig angenommen, und es muß das wohl beachtet wurden, weil sie gerade die allerwichtigsten Grundsätze der Verfassung enthalten, den geänderten Namen freireligiös, die religiöse Grundlage der Gemeinde, und besonders auch ihr Entscheidungsrecht in allen sie betreffenden Angelegenheiten. In der Einleitung ist ausdrücklich vorausgeschickt, daß die ganze Verfassungsänderung vorgenommen wird: „auf Grund der Bestimmungen des Leipziger Conzils von Ostern 1845, und insbesondere auf Grund des § 51, in welchem sich die Gemeinde ausdrücklich das Recht der Abänderung aller getroffenen Bestimmungen, je nach dem fortgeschrittenen Zeitbewußtsein, vorbehalten und gewahrt hat."

§ 1 legt der Gemeinde den neuen Namen bei, mit der ausdrücklichen Bemerkung, daß sie sich „nach wie vor als stehend auf demselben Grunde religiöser Selbstbefreiung betrachte, wie alle anderen, aus den Kirchen ausgetretenen, ob sie sich deutsch-katholisch, freiprotestantisch oder sonst wie nennen mögen".

§ 2 enthält mit den deutlichsten Worten die Erklärung, daß die Aufgabe der Gemeinde die sei: „im Unterschied von den bisherigen, auf übernatürliche Offenbarung gegründeten Religionsgesellschaften (Kirchen), die allgemeine Religion des sittlichen Menschenthums, auf Grundlage der durch Wissenschaft und Erfahrung begründeten neuen Weltanschauung", aber „mit Anerkennung der vollsten Gewissensfreiheit eines jeden Einzelnen, durch Unterricht und Belehrung in den Gemeingliedern zu lebendigem Bewußtsein zu bringen, und dadurch das geistige, sittliche und materielle Wohl der Gemeindeglieder wie aller unserer Mitmenschen, weß Glaubens sie auch seien, nach Kräften zu fördern".

§ 3 setzt fest, daß die „Grundlage der Verfassung die selbstständige Gemeinde" sei, und

§ 4 erklärt ausdrücklich, daß der Gemeinde das Recht der „Entscheidung in allen religiösen Verfassungssachen" zustehe.

Wie gesagt, diese 4 ersten Paragraphen, welche die wichtigsten Grundsätze enthalten, wurden ohne Einrede, sogar einstimmig angenommen.

Auch der fünfte Paragraph, betreffend die Jahresversammlung und Wahl des Vorstandes, wurde angenommen, und es ergab sich bei ihm nur eine Besprechung darüber, ob der bestehende Vorstand, welcher nach der alten Verfassung am kommenden Pfingstfest hätte abtreten müssen, auf Grund der neuen Verfassung bis zum Schluß des Jahres sein Amt behalten solle, was schließlich einstimmig bejaht wurde.

Ebenso einstimmig, ohne die mindeste Einrede, wurden sodann die Paragraphen 6—28 und der Schlußparagraph 32 angenommen.

Nur die §§ 29. 30. 31 veranlaßten eine längere Besprechung, weil bei ihnen die Frage, betreffend das Abendmahl, entschieden werden mußte.

§ 29 enthielt nämlich die einzelnen Verpflichtungen des Predigers, mit dem Zusatz, daß dieselben „in vorkommenden Fällen ein jedes dazu befähigte andere Gemeindemitglied gerade so übernehmen kann", und als solche Verpflichtungen waren Folgende aufgeführt:
 1) Der Religionsunterricht an die Kinder.
 2) Die Vorträge in den Versammlungen.
 3) Die Begrüßung der Neugebornen (Taufe).
 4) Die Einführung der erwachsenen Kinder in die Gemeinde (Confirmation).
 5) Die religiöse Weihe des Ehebundes (Trauung).
 6) Die Ansprachen bei den Begräbnissen.

§ 30 enthielt über die Form, in welcher diese einzelnen Handlungen vorzunehmen seien, die allgemeine Bestimmung, daß die Gemeinde, weil sie „keine Sakramente, sondern nur freie Gebräuche anerkennt", „keine bindende Form" festsetze, sondern nur verlange, „daß sie in Uebereinstimmung seien mit ihren religiösen Grundsätzen und nichts dabei vorkomme, was diesen widerspricht".

§ 31 enthielt schließlich die besondere Bestimmung über das „Abendmahl", wovon bei den Verpflichtungen des Predigers keine Rede war, und welche ich oben schon näher erörtert habe, nämlich:

„Als Gesammtgemeinde behält sie sich vor, die Gedächtnißfeier „großer Vorkämpfer, vor Allen auch die von Jesus von Nazareth, „in würdigster Weise mit ihren Predigern zu begehen, aber sie bindet „auch hierin weder sich noch den Prediger an eine bestimmte Zeit „oder Form."

„Denjenigen Mitgliedern, welche die Gedächtnißfeier des Letzteren „in der bisherigen Form (Abendmahl, Bundesmahl) zu begehen „wünschen, bleibt es überlassen, dieses nach ihrer eigenen Anordnung, „in ihrem engeren Kreise, unter sich zu thun."

Bei diesen drei Paragraphen, und wie es sich gleich zeigen wird, eigentlich nur bei dem 3. derselben, erhob sich Widerspruch. Es wurde zuerst der Antrag gestellt, alle drei, weil sie doch zusammengehören, im Zusammenhang zu verlesen und zu besprechen, was auch angenommen wurde. Ueber das, was in den zwei ersten ausgesprochen ist, wurde kein besonderes Bedenken laut, und konnte in der That auch keines laut werden, nach dem ganzen Herkommen, wie es im Lauf der Zeit sich in der hiesigen Gemeinde, wie in den meisten andern, festgesetzt hatte und wie es sogar durch schriftliche frühere und spätere Aktenstücke sich nachweisen läßt.

Daß die Gemeinde keine „Sakramente", sondern nur „freie Gebräuche" anerkennt, dadurch ist sie zwar über die ursprünglichen Bestimmungen des „Leipziger Conzils" hinausgegangen, aber sie war dabei in ihrem guten Recht, da jenes Conzil selber ihr die volle Freiheit der Selbstbestimmung gewahrt hat, wie es namentlich der 51. Satz jener Conzilbeschlüsse in folgender Weise ausspricht: „Alle diese Bestimmungen sind jedoch nicht und sollen nicht für alle Zeiten festgesetzt sein und werden, sondern können und müssen nach dem jedesmaligen Zeitbewußtsein von der Kirchengemeinde abgeändert werden." Es hat darum auch nicht ein einziges Mitglied in der Gemeindeversammlung sich darüber beschwert, daß die Gemeinde kein „Sakrament" mehr anerkenne. Und derjenige, welcher im Verlauf der Angelegenheiten der hauptsächlichste Wortführer der unzufriedenen Minderheit geworden ist, Herr Rath Hack, hat sogar vierzehn Tage nach dieser Versammlung, am 19. April, in einem Schreiben an den Vorsitzenden Herrn Stoll wörtlich Folgendes geschrieben, in der Meinung, dadurch könne der entstandene Zwiespalt wieder gut gemacht werden: „Taufe und Abendmahl haben nicht mehr die Bedeutung von Sakramenten, sondern gelten als kirchliche Gebräuche, deren Gebrauch Jedem anheimgestellt wird."

So wenig aber über diesen Punkt ein Bedenken laut wurde oder laut werden konnte, so wenig konnte dieses der Fall sein in Beziehung darauf, daß für alle einzelnen religiösen Handlungen keine bindende Form festgesetzt werden solle. Was sich von solchen Formen im Leben der Gemeinde vorfand, bei der Begrüßung der Neugebornen (Taufe), Einführung der Erwachsenen in die Gemeinde (Confirmation), religiöse Weihe des Ehebundes (Trauung), das hatte sich von selbst gemacht, ohne irgend eine bindende Vorschrift. Daß aber namentlich auch Herr Rath Hack, den ich des Folgenden wegen noch einmal hier namentlich erwähnen muß, nicht daran dachte, bindende Formen für die Gemeinde haben zu wollen, das beweist überdies ein Schreiben, das unter seinem Vorsitz ein Jahr vorher schon, am 11. März 1860, vom Vorstand beschlossen wurde und welches eine Antwort enthalten sollte auf mehrere Fragen, die ich vor Wiederübernahme der Predigerstelle an den Vorstand gerichtet hatte. In diesem Schreiben an mich, das sich in den Protokollen der Gemeinde befindet, heißt es ausdrücklich: „Für Taufe, Confirmation, Trauung, Beerdigung sind keine regelmäßigen Formeln" vorgeschrieben.

Was namentlich die „Begrüßung Neugeborner" (Taufe) betrifft, mit welcher selbstverständlich eine Verpflichtung der Eltern zu deren gewissenhafter Erziehung verbunden oder eigentlich die Hauptsache ist, so ist es Thatsache, daß seit einer Reihe von Jahren hier, wie in vielen, vielleicht den meisten Gemeinden, von demjenigen, was man sonst Taufformel nennt, im eigentlichen Sinn gar keine Rede mehr ist. Der Gebrauch des Wassers ist mehr oder weniger in Abgang gekommen. Ronge, als er am 12. Januar 1862 in hiesiger Gemeindehalle ein Kind aufnahm, that dieses ohne einen Tropfen Wassers. Ich selbst habe jedes Mal die Eltern erst gefragt, ob sie es wünschen, und nur in den wenigsten Fällen kam es in Anwendung. Wie wenig daher das Wort „Taufe" oder „taufen" im Leben der meisten Gemeinden noch einen rechten Sinn hat, das mußte Jeder, der sehen will, schon seit längerer Zeit sich gesagt haben.

Doch ich gehe jetzt zur Hauptsache über! Hatte das, was in diesen beiden Paragraphen stand, kein weiteres Bedenken erregt, so erregte um so mehr Bedenken das, was nicht darin stand, das Abendmahl. Diesem war erst der folgende, 31. Paragraph, gewidmet, und er war es, welcher eigentlich allein eine ausführliche Besprechung hervorrief.

Eröffnet wurde diese durch mich, indem ich, als der eigentliche Verfasser dieses Paragraphen, die Gründe darlegte, welche die Commission zur Aufnahme desselben in die neue Verfassung bestimmt hatte. Diese Gründe habe ich oben bereits angegeben und brauche sie daher hier nicht zu wiederholen.

Nach mir hatten sich noch Mehrere zum Wort gemeldet, welche der Reihe nach sprachen und darin mit einander übereinstimmten, daß sie in Betreff des Abendmahls keine Aenderung des Herkommens, d. h. daß sie die Feier desselben als eine Feier der ganzen Gemeinde wünschten. Die Gründe, welche vorgebracht wurden, waren in der Hauptsache genau dieselben, wie sie schon in den vorberathenden Versammlungen waren geltend gemacht worden: Rücksicht auf die Kinder, welche der Schule entlassen (confirmirt) werden; Rücksicht auf die Fremde anderer Confessionen, welche unserer Sache zugethan sind und durch eine Aenderung, wie die beabsichtigte, uns entfremdet würden; Angst und Besorgniß, daß Viele, welche die Gemeinde pekuniär bisher unterstützten, ihre Beiträge in Zukunft zurückziehen.

Ein Einziger nur erklärte, daß er das Abendmahl in der bisherigen Form für ein Zeichen der Erinnerung und Dankbarkeit halte, das Jesus, der Nazarener, in hohem Grad verdiene, und daß er aus diesem Grunde keine Aenderung wünsche. Bezeichnender Weise war dieses aber der Nämliche, welcher, nachdem er der Confirmation ohne Abendmahl am bald folgenden Ostersonntag beigewohnt und die Fragen und Antworten der Kinder über die Entstehung und Bedeutung des Abendmahls gehört hatte, in der Nachmittagsversammlung der Gemeinde sich das Wort erbat und eben so offen das Bekenntniß ablegte, daß er jetzt eines Besseren belehrt und mit der Verfassungsänderung in Betreff des Abendmahls vollkommen einverstanden sei. Alle Anderen dagegen, welche einer Aenderung sich widersetzten, erklärten von vornherein, daß das Abendmahl ihnen selber kein Bedürfniß sei, daß sie für sich es ganz gut entbehren können. Ja, sie erklärten ferner, daß sie fest überzeugt seien, über's Jahr werde kein Mensch mehr in der Gemeinde sich über die beabsichtigte Aenderung mit dem Abendmahl aufhalten, man solle nur dieses Jahr noch damit warten, nur dieses Jahr solle es der Prediger noch „austheilen", es falle dann ganz von selber. Dabei kam es vor, daß ein Mitglied, welches ganz besonders gegen eine noch in diesem Jahre vorzunehmende Aenderung sprach, sich die Worte entschlüpfen ließ, „man solle das Ding da noch einmal wenigstens mitmachen!"

Heute, wo ich diese Verhandlungen erzähle und ruhig ihren ganzen Verlauf noch einmal überblicke, gebe ich gerne zu, daß letzteres Mitglied diese Worte gesprochen hat, ohne zu bedenken, was es sagt; aber im Augenblick, wo sie gesprochen wurden, bekenne ich eben so offen, riefen sie in mir eine solche Entrüstung hervor, daß ich mich kaum in meinem ganzen Leben einer ähnlichen entsinne! Und dieser Entrüstung, welche durch andere mir bekannt gewordene, und eben erst selbst vernommene ähnliche Aeußerungen doppelt gesteigert war, gab ich Worte, wie sie der Augenblick mir eingab!

Nachdem noch Einer und der Andere für und wider gesprochen — darunter auch Solche, welche seit einer Reihe von Jahren fast keine unserer Versammlungen besucht, die somit an dem geistigen Entwicklungsgang der Gemeinde fast gar keinen Antheil genommen, die insbesondere von

Allem, was ich in einer Reihe von 12 Vorträgen über die Entstehung und Bedeutung des Abendmahls ausführlich und gründlich mitgetheilt, nicht eine Sylbe gehört hatten — erhielt ich vom Vorsitzenden das letzte Wort, um auf die gemachten Einwendungen zu antworten.

Ich erklärte von vornherein, daß es mir schwer falle, auf solche Einwendungen und solche Aeußerungen antworten zu müssen. Ich erklärte unumwunden, daß ich die Ueberzeugung eines Jeden ehre und achte, und daß es mir leid thue, wenn ich durch meine entgegengesetzte Jemand in der Gemeinde kränken würde, aber es habe nur ein Einziger von sich bekannt, daß er für die Beibehaltung der bisherigen Abendmahlsfeier durch die ganze Gemeinde deswegen spreche, weil sie ihm ein persönliches Bedürfniß sei; die anderen ohne Ausnahme hätten erklärt, daß es für sie keines mehr sei, und daß nur Rücksichten auf Kinder, auf Freunde und auf Geldbeiträge sie bestimmen, gegen ihre Ueberzeugung zu sprechen. Was ich aber am allerwenigsten verstehe, das sei das, daß man für die Aufrechthaltung einer Sache stimme, von der man zu gleicher Zeit in solch wegwerfender, unwürdiger Weise spreche. Ich selbst hätte vor dem Abendmahl, so sehr ich gegen dasselbe als Feier der ganzen Gemeinde spreche, mehr Achtung und mehr Pietät, und ich könnte nur sagen, daß ich mich selber schäme, solche Aeußerung in unserer Gemeinde gehört zu haben. Das sei die traurigste, die schmerzlichste Erfahrung für einen Mann, der Jahre lang für unsere Sache gewirkt, mit seinem besten Herzblut gewirkt habe!

Die Sache selbst betreffend, handle es sich nach meiner Meinung unter uns jetzt um eine ganz ähnliche Entscheidung, wie zur Zeit der ersten freien christlichen Gemeinden. Damals seien sich auch zwei Ansichten gegenüber gestanden. Die Einen, Petrus an der Spitze, hätten geglaubt, die durch Herkommen und Gesetz geheiligte Sitte und Ceremonie der Beschneidung müsse auch von den neuen christlichen Gemeinden noch beobachtet werden, ohne sie könne man kein Christ, könne man nicht selig werden. Die Anderen, Paulus an der Spitze, hätten erklärt, daß sie dieser durch Alterthum geheiligten Ceremonie nicht mehr bedürfen, sie sei nur eine Form, ein Gesetz, das in der Vergangenheit seine Bedeutung gehabt, ja, Paulus habe sogar erklärt, daß, wer sich noch beschneiden lasse, „dem sei Christus nichts nütze", der habe „Christum verloren, und sei schuldig, das ganze Gesetz noch zu halten". (Galat. 5.) Diese beiden Ansichten hätten sich dahin verglichen, daß auf der Versammlung in Jerusalem von Seiten der Ersteren der Beschluß gefaßt wurde, für sich zwar die Beschneidung aufrecht zu halten, von den Letzteren aber in Zukunft jene Ceremonie nicht mehr zu verlangen. (Apost.=Gesch. 15.) Auf unsern Fall angewendet, heiße das so viel als: wem das Abendmahl ein Bedürfniß sei, dem bleibe es unbenommen, er muthe aber denen, welchen es kein Bedürfniß mehr ist, weder zu, daß sie es dennoch feiern, noch muthe er, wenn die Mehrheit einer Gemeinde dagegen ist, der ganzen Gemeinde zu, daß sie es gegen ihre Ueberzeugung für eine Feier der Gemeinde erkläre und als solche behandle. Das sei der einfache Sinn und Zweck des streitigen Paragraphen, und es käme bei der Entscheidung somit vor Allem nur darauf an, daß Jeder nach seiner Ueberzeugung handle. Wer seiner Ueberzeugung nach die bisherige Abendmahlsfeier für kein nothwendiges Bedürfniß mehr halte, der dürfe sich durch die geäußerten Rücksichten nicht bestimmen lassen, gegen seine Ueberzeugung zu handeln. Das Abendmahl

sei doch nicht der Kinder wegen da, und der Vater, der das Abendmahl
für sich nicht mehr bedürfe, der selber sage, es werde in Kurzem von selbst
fallen, ja, der sogar in ganz wegwerfender Weise von ihm spreche, der
könne doch blos der Kinder wegen nicht für seine Aufrechthaltung stimmen,
ohne mit seiner Ueberzeugung in Widerspruch zu gerathen. Noch weniger
könnte die Rücksicht auf das Urtheil Anderer, selbst wenn sie unsere
besten Freunde seien, aber außerhalb unserer reformatorischen Bestrebung
stehen, oder gar die Furcht, Beiträge zu verlieren, maßgebend sein.
Wir seien eine reformatorische Gemeinde, wir hätten die Aufgabe, die
Gemeinde der Zukunft gründen zu helfen, welche frei von bisherigen con=
fessionellen Beschränkungen und Ceremonien, Alle vereinige, die durch diese
bisher getrennt waren, wir seien mit unseren Bestrebungen und Einrichtungen
erst im Anfang, wir dürfen uns nicht einbilden, jetzt schon fertig zu sein
und die Hände in den Schooß zu legen. Wohin solle es führen, wenn wir
auf das, was einzig und allein die Zukunft uns erobern hilft, wenn wir
auf unsere Ueberzeugung Verzicht leisten? Ich für meine Person hätte
sie bisher als die einzige Führerin meines Lebens anerkannt, und ich werde
ihr darum auch in Zukunft rückhaltlos folgen, selbst wenn ich Gefahr liefe,
die Stellung, die ich jetzt einnehme, um ihretwillen wieder verlieren zu
müssen. Nur die eigene persönliche Ueberzeugung also dürfe hier entscheiden,
und das möge die Gemeinde beherzigen, wenn sie jetzt ihren Beschluß fasse.

Hierauf schloß der Vorsitzende die Verhandlung, da Niemand mehr
das Wort verlangte, und die Versammlung schritt zur Abstimmung über
diese letzten drei Paragraphen.

Das Ergebniß war: Von den anwesenden 58 stimmten 46 für,
12 gegen.

Somit war die abgeänderte Verfassung von der Gemeinde ange=
nommen; die ersten 28 Paragraphen, und der letzte, der 32., einstimmig,
der 29. 30. und 31 mit weitaus überwiegender Mehrheit.

In der Stimmung, in der ich mich befand, bat ich noch einmal um
das Wort. Ich fühlte das Bedürfniß, je entschiedener ich meine persönliche
Ueberzeugung ausgesprochen und mehr die gefallenen Aeußerungen über
das Abendmahl mich zu heftiger Gegenäußerung veranlaßt hatten, ehe die
Versammlung sich trennte, noch ein Wort, wie ich meinte, zum Frieden
zu sprechen. Ich bat in eindringlicher Weise Alle, über die Verschiedenheit
der Ansichten das Gemeinsame nicht zu vergessen, was uns doch zuletzt
einige, und denjenigen, welchen das Abendmahl ein wahrhaft religiöses
Bedürfniß noch sei, gab ich die Erklärung, daß, wenn sie für sich es im
Lauf des Jahres einmal zu begehen wünschen, ich gerne bereit sei, einige
einleitende Worte zu ihrer Feier zu sprechen. Diese meine Erklärung wurde
in's Protokoll jener Versammlung aufgenommen, und damit schlossen die
Verhandlungen.

---

2. Was auf die Verfassungs-Aenderung erfolgte.

Das bisher Mitgetheilte wird Jeden überzeugen, daß es ein großer
Irrthum ist, wenn man die Vorgänge innerhalb der Gemeinde so ansieht,
als ständen sich zwei Parteien gegenüber, deren eine aus Ueberzeugung auf
das Abendmahl Verzicht leiste, während die andere ebenfalls aus Ueber=

zeugung — weil jeder Einzelne für sich ein Bedürfniß darin sähe — die Beibehaltung des Abendmahls verlange. Es steht vielmehr als Thatsache fest, daß Diejenigen, welche sowohl in der Vorberathung als in der Gemeindeversammlung für Beibehaltung des Abendmahls gesprochen, alle, mit nur einer einzigen Ausnahme erklärt hatten, das **Abendmahl sei auch ihnen kein Bedürfniß**, es steht die weitere Thatsache fest, daß auf Seiten der letzteren über das Abendmahl Aeußerungen gefallen sind, so **unwürdig und so wegwerfend**, daß selbst diese zur Rechtfertigung der Mehrheit geschriebene Denkschrift nur mit Widerstreben ihrer erwähnte, wie sie es auch unter ihrer Würde hält, ähnliche, welche in der Folgezeit gethan wurden, ihrem ganzen Wortlaute nach wiederzugeben.

Es war daher natürlich, daß die Mehrheit nach Festsetzung der geänderten Verfassung sich der Hoffnung hingab, die Gemüther würden mit der Zeit sich beruhigen, da diejenigen Wenigen, welche zwar nicht mitgesprochen, welchen das Abendmahl aber Bedürfniß war, nicht gehindert waren, mit Gleichgesinnten es in der Gemeindehalle zu feiern. Daß sie es, wenn auch nicht als Feier der Gesammtgemeinde, sondern unter sich, aber doch **in der Gemeindehalle** feiern sollten, das war, ich wiederhole es, bei den Verhandlungen darüber in der Gemeindeversammlung ausdrücklich gesagt worden; es hatte Niemand erklärt oder verlangt, daß sie es zu Hause feiern. An dieser, mit der Zeit sich einstellenden Beruhigung und Versöhnung der Gemüther habe auch ich nicht gezweifelt, und ich behaupte heute noch, daß sie gekommen wäre, aber allerdings unter einer Voraussetzung, die sich nur zu bald als eine unbegründete herausstellte. Es kam nämlich vor Allem darauf an, daß keine persönlichen Gehässigkeiten, überhaupt keine Persönlichkeiten den weiteren Verlauf der Sache verderben. Darauf wurde gerechnet, aber diese Rechnung war, wie sich im Folgenden zeigen wird, eine falsche.

Auf Seiten der **Mehrheit** hatte man sich das Wort gegeben, festhaltend an der neuen Verfassung, Alles aufzubieten, um einen tieferen Riß in der Gemeinde zu verhüten.

Um mit mir selber zu beginnen, so hatte ich während der ganzen vorhergehenden wie auch der nachfolgenden Zeit es mir zur Aufgabe gemacht, wo ich konnte, darauf hinzuwirken, daß die allmälige Verständigung nicht durch unüberlegtes Gerede unmöglich gemacht werde. In meinen sonntäglichen Vorträgen hatte ich absichtlich lauter solche Gegenstände zur Besprechung gewählt, welche mit dem Streit innerhalb der Gemeinde unmittelbar gar nichts zu thun hatten.

Erst nachdem sich die Minderheit im August als **besondere Gemeinde** aufgethan, sprach ich über die „Nothwendigkeit geistiger Kämpfe", später über „ähnliche Spaltungen in der Vergangenheit" und noch später einmal unmittelbar über die von der Minderheit bei der Regierung eingereichte Klageschrift.

Damit ich aber für meine ganze Wirksamkeit in der Gemeinde um so festeren Boden habe, hatte ich gleich nach der Gemeindeversammlung mich schriftlich an den Vorstand gewendet. So gering nämlich die Anzahl derjenigen war, welche gegen die Aenderung in Beziehung auf das Abendmahl gestimmt hatten, so war ich gegen das Hervortreten auch dieser Minderheit durchaus nicht gleichgültig, und war mit mir zu Rath gegangen, um so mehr, als ich nicht alle Glieder der Gemeinde persönlich kannte, und mich der Vermuthung nicht ganz erwehren konnte, es möchten vielleicht auch

Andere, die nicht erschienen waren, ebenfalls mit jener Aenderung und darum auch mit meiner Person nicht zufrieden sein. Darüber wollte ich eine Erklärung zu meiner Beruhigung und in diesem Sinne schrieb ich an den Vorstand. Seine Antwort gab mir Beruhigung und zwar volle. In seinem Schreiben an mich, vom 19. April, heißt es u. A. wörtlich: „Es wurde einstimmig die Ansicht geltend gemacht, daß man Ihre Befürchtungen nicht theilen könne, daß Sie sich vielmehr der Liebe und Achtung der Gemeinde in hohem Grade zu erfreuen haben." — „Bleiben Sie daher wie bisher fest und beharrlich auf der betretenen Bahn, die zum Licht und zur Wahrheit führt, und Ihnen bleibt unsrer Aller Liebe. Lassen Sie sich nicht beunruhigen, zumal Sie das Bewußtsein in sich tragen, nach strengem Recht gehandelt und Ihre Pflicht gethan zu haben. Sie regen sich dadurch nur auf und erschweren sich ohne unser Verschulden Ihre Stellung in der Gemeinde. Wir hoffen, daß diese Erklärung hinreichen wird, Ihre Stimmung zu erheitern; sie soll aber auch ein Zeichen unserer innigsten Liebe und Achtung sein und Ihnen dafür bürgen, daß wir als wahre Freunde Ihnen zur Seite stehn und gemeinschaftlich mit Ihnen jederzeit Recht und Wahrheit vertheidigen werden."

Wer das Aufreibende solcher Zwistigkeiten innerhalb einer kleinen Gemeinde kennt, und zwar mit allen den hundert Kleinigkeiten, die dem Gedächtniß entfallen, der wird mit mir fühlen, daß ein solcher ermuthigende Zuruf von Seiten des Vorstandes, zumal er ein stimmig ihn an mich richtete, mir in tiefster Seele wohl that. —

Indem ich nun zu demjenigen übergehe, was von unserer Seite über das Vorgefallene in öffentliche Blätter gebracht wurde, und was dadurch die ersten Urtheile und Besprechungen in der Presse veranlaßte, so beschränkt sich das in der ganzen Zeit nach der Gemeindeversammlung im April, bis zur Absonderung der Minderheit zu einer besondern getrennten Gemeinde im August, auf zwei Privat-Berichte in dem „deutschkatholischen Sonntagsblatt" Nr. 15 und 17 und eine Erklärung des Gesammtvorstandes in Nr. 19 desselben Blattes, welche dann auch in den hiesigen Blättern veröffentlicht wurde. Es ist wahr, diese Erklärung und die zwei Berichte stellten, unabhängig von einander, die Verfassungsänderungen, besonders in Betreff des Abendmahls, unter Anderm auch als ein Zeichen des fortgeschrittenen Bewußtseins innerhalb unserer Gemeinde dar; keine von allen diesen Veröffentlichungen aber enthielt auch nur die leiseste Persönlichkeit gegen die Nichteinverstandenen, man müßte denn in der Ansicht überhaupt, daß jene Veränderungen ein Fortschritt seien, eine Persönlichkeit erblicken. Und in der That hat man das Letztere gethan, wie ein Theil wenigstens der Vorwürfe und Anklagen es beweisen. Wie sich das aber mit dem freien Geist, aus dem unsere ganze Bewegung, aus dem alle unsere Gemeinden entstanden sind, zusammenreimen läßt, das ist in der That nicht zu verstehen. Die alten Leipziger Concilbeschlüsse, so halb und unfertig sie ihrer ganzen Entstehung nach sein mußten, hatten sich klar und deutlich ausgesprochen, daß „jede Gemeinde sich für berechtigt und befugt hält, selbstständig und allein, je nach dem Zeitbewußtsein und den Fortschritten in Erkenntniß der heil. Schrift" alle früheren Bestimmungen wieder abzuändern (§ 35), ja sie hatten noch, im Vollbewußtsein der reformatorischen Aufgabe, zur Abänderung sogar aufgefordert, und es als eine Pflicht, als ein Muß erklärt, indem ihr § 51 wörtlich sagt: „Alle diese Bestimmungen sind jedoch nicht, und sollen nicht für alle Zeiten festgesetzt sein und werden, sondern können und müssen nach dem jedesmaligen Zeitbewußtsein von der (Kirchen=) Gemeinde abgeändert werden!"

Im Hinblick hierauf, als dem Grundgesetz unserer ganzen Reformation, waren alle diejenigen Mitglieder der hiesigen Gemeinde, für welche das Abendmahl kein persönliches Bedürfniß mehr war, nicht nur berechtigt, sondern ausdrücklich verpflichtet, dieses auszusprechen; sie waren ferner verpflichtet — wenn anders ihr Gemeindeleben mit ihrer innersten Ueberzeugung in Uebereinstimmung, wenn die Form ihres Gemeindelebens der wahrheitstreue Ausdruck ihres Innern sein sollte —, je nach dieser Ueberzeugung ihren „Cultus" umzugestalten. Konnte dieses mit Uebereinstimmung Aller geschehen, um so besser! War eine Minderheit abweichender Meinung, so trat damit die Frage auf, ob ihr soviel Rücksicht gegeben werden mußte, daß ihr zulieb die Mehrheit auf ihre Ueberzeugung verzichte? Im vorliegenden Fall war es Ueberzeugung der Mehrheit, daß das Abendmahl für sie kein persönliches Bedürfniß mehr sei, daß es somit, — eben weil die weitaus überwiegende Mehrheit kein Bedürfniß darnach hatte, — auch nicht als wahrer Ausdruck der Ueberzeugung der Gemeinde mehr angesehen und consequenterweise nicht als Feier der Gesammtgemeinde mehr könne begangen werden. Die Minderheit hatte nun aber, was ich wiederholt zu beachten bitte, mit Ausnahme eines Einzigen ihrer Wortführer, erklärt, daß auch für sie das Abendmahl kein Bedürfniß mehr sei, ja sie hatten sich theilweise in wegwerfendster Weise darüber ausgesprochen und verlangten es nur aus den oben angegebenen Rücksichten und Besorgnissen. Wer, frage ich, in aller Welt, kann in diesem Fall von der Minderheit behaupten, daß sie ihrer Ueberzeugung wegen verlangen konnte, daß die Mehrheit auf die ihrige Verzicht leiste? Stund denn hier Ueberzeugung gegen Ueberzeugung? Sagt man aber, es seien doch Einzelne darunter gewesen, welche an den Verhandlungen gar keinen Antheil genommen, die aber aus innerstem Bedürfniß die Beibehaltung des Abendmahls wünschten, so hat ja die Gemeinde in ihrer beschließenden Versammlung ausdrücklich erklärt, daß kein Mensch daran denke, diesen das Abendmahl zu nehmen, zu verbieten! Nur in diesem Fall wäre der Vorwurf begründet gewesen, der von verschiedenen Seiten gemacht worden, daß die Mehrheit gewaltsam verfahre, daß sie sich — wie man sagte — überstürzt habe nach Art der „Schwarmgeister", obschon jeder tiefere Kenner der Geschichte weiß, daß diesen nämlichen Vorwurf sich ganz andere Leute schon mußten gefallen lassen, indem selbst ein Zwingli wegen seiner abweichenden Ansicht vom Abendmahl von Luther zu den „wilden Rotten=" und „Schwarmgeistern" gezählt wurde!*)

Sagt man aber weiter, die Berechtigung Einzelner, das Abendmahl in ihrem Kreise zu feiern, sei eine Kränkung, eine Beleidigung für diese und nehme dem Abendmahl seinen eigentlichen Werth, weil es diese nur habe, wenn es als Feier der ganzen Gemeinde begangen wird, dann vergißt man zweierlei: Man vergißt, daß, je mehr das Verlangen nach der Abendmahlfeier seinen Grund in einem wahrhaft religiösen Gefühl und persönlichen Bedürfniß hat, gerade die Reinheit und Keuschheit dieses Gefühles selbst verlangt, daß die Feier nicht in einem Kreise

---

*) Luther's sämmtl. Werke, Erlangen 1841. Bd. 30, S. 98. 128. 131. 139. 164. 190. 199. 224. 285 u. s. w.

vor sich gehe, wo ausgesprochenermaßen der größere Theil entweder gegen diese Feier gleichgültig, oder geradezu dagegen eingenommen ist. Das wahrhaft religiöse Gefühl wird dadurch am innigsten gestärkt und erhöht, daß die Feiernden sich in Uebereinstimmung untereinander wissen; es wird geschwächt und herabgestimmt, durch das Bewußtsein, daß der größere Theil der Anwesenden von der Feier nichts wissen will, und durch die störende Wahrnehmung, daß diese bei Beginn der Feier sich größtentheils entfernen.

Man vergißt aber auch, daß, wenn es einmal dahin gekommen ist, daß der größere Theil einer Gemeinde kein Bedürfniß zu einer solchen Feier mehr hat, es diesem nicht als ein Akt der Willkür ausgelegt werden kann, wenn er der Wahrheit gemäß offen erklärt, daß diese Feier aufgehört habe, eine Feier der Gesammtgemeinde zu sein, und wenn er auf Grund dieser Aenderung seiner Ueberzeugung auch sein Gemeindeleben, sofern es der wahre Ausdruck dieser Ueberzeugung sein soll, ändert. Wer dieses der Mehrheit nehmen will, aus Rücksicht für eine Minderheit, wer verlangt, daß die Mehrheit, obgleich sie kein Bedürfniß mehr für eine überkommene Form oder Ceremonie hat, diese dennoch nach wie vor als Ceremonie der ganzen Gemeinde betrachte und aufrecht erhalte, der vergißt, daß er damit jeder Entwicklung überhaupt entgegentritt, und das Leben der Gemeinde zum Stillstand, zur Unwahrheit verurtheilt. Wann, muß man fragen, soll denn diese Rücksicht aufhören? Soll die Mehrheit warten, bis auch der Letzte der abweichenden Minderheit endlich einmal auf die betreffende Ceremonie verzichtet? Oder kann ein Einzelner verlangen, daß ihm zulieb eine ganze Gemeinde sich Gewalt anthue, und ihm zulieb auf die ihr nothwendig dünkenden Aenderungen ihres Gemeindelebens so lange verzichte, bis alle Glieder ohne Ausnahme damit einverstanden sind? Und dann, wenn wir diesen Grundsatz in unserer Gemeinde annehmen, wo nehmen wir denn das Recht her, gerade den entgegengesetzten Grundsatz gegenüber den bestehenden Kirchen zu beobachten! Warum sind wir denn nicht geblieben, wo wir waren, und haben gewartet, bis die Consistorien, die Oberkirchenräthe, die Synoden, die Conzile oder Papst mit seiner ganzen Clerisei unserer Ansicht werden?

Entweder sind wir reformatorische Gemeinden und haben die Aufgabe, die Ueberzeugung, die in uns lebt, auszusprechen und nach ihr unser Gemeindeleben einzurichten, oder wir geben es auf, solche Gemeinde sein zu wollen. Damit ist im Entferntesten nicht jedem beliebigen Einfall, jeder überstürzenden Willkür das Wort geredet! Und gerade im vorliegenden Fall liegt für jeden Unbefangenen die Thatsache offen dar, daß es sich um eine Aenderung handelte, die nicht der Beschluß eines übereilten Augenblicks, sondern das Ergebniß reifer Prüfung und jahrelanger Vorbereitung war. Ich sage „jahrelanger" Vorbereitung, denn die Frage über das Abendmahl hat die Mannheimer Gemeinde nicht erst seit den 12 Vorträgen beschäftigt, die ich das Jahr vorher darüber gehalten habe; die Frage über das Abendmahl ist schon vor 17 Jahren besprochen worden, und meine damals erschienene Schrift: „Paulus und die Galater, ein warnendes Bild der Vergangenheit" (Hamburg, Berendsohn 1847), sowie meine neueste Schrift: „Opfer und Opfermahle des Alterthums, mit Einschluß des Abendmahls" (Mannheim, Löffler 1862) enthalten die Einzelheiten, welche damals schon zur Sprache kamen. Für den Zweck dieser Denkschrift genügt es, auf diese beiden Schriften hinzuweisen, und nur für diejenigen, welchen jene Schriften nicht zu Gebote stehen, bringe ich Folgendes daraus in Erinnerung. Damals, also vor 17 Jahren schon, wurde in der Gemeinde die Frage angeregt, ob das Abendmahl wie die Taufe Sakramente seien? Ich sprach mich in meinen Vorträgen vom Jahre 1846 offen dahin aus, daß nach meiner Ueberzeugung sie keine seien, sondern blos sinnbildliche Gebräuche, Ceremonien. Wegen dieser meiner offen ausgesprochenen Ansicht wurde ich von demselben Herrn Rath Hack, der in den neuesten Verhandlungen wieder als Wortführer der Minderheit gegen mich und meine Gesinnungsgenossen auftritt, zur Rechtfertigung vor den Vorstand gezogen, da meine Ansicht gegen die „Leipziger Conzilbeschlüsse" verstoße, in welchen es ausdrücklich heiße: Taufe und Abendmahl seien Sakramente. Ich berief mich zu meiner damaligen Vertheidigung einfach auf die Bibel, welche von keinem Sakrament etwas wisse, und auf die Aufgabe unserer Gemeinden, in ihrer geistigen Entwicklung sich durch keine Conzilbeschlüsse hemmen zu lassen, und mit dieser Erklärung gab man sich zufrieden. Als ich dann bei einer wiederholten Abendmahlfeier in Folge körperlicher Erschöpfung die sogenannten „Einsetzungsworte" wegließ und bemerkte, daß Einzelne in der Gemeinde daran Anstoß genommen, sprach ich mich in weiteren Vorträgen auf's Neue über die Abendmahlfeier aus, und ging in Folge eigenen Nachdenkens einen Schritt weiter, indem ich erklärte, daß unsere ganze Feier nicht die rechte sei und nothwendig geändert werden müsse. Ich erklärte dabei, in Beziehung auf mich selber, daß ich von Anfang an mich der Abendmahlfeier nur mit Rücksicht auf das Herkommen und den Wunsch der Gemeinde unterzogen, daß ich mich aber immer besonders daran gestoßen, daß sie nur Ceremonie sei, und daß ich sie überhaupt nur in dem Sinn mitgefeiert hätte, daß die Form eigentlich gleichgültig sei, und daß mit der Zeit die Gemeinde das selber einsehen, und die Sache thatsächlich ändern werde und müsse. Bei den weiteren Verhandlungen darüber im Vorstand, wo ich mich ebenfalls wieder auf die Bibel berief und nachwies, daß das letzte Abendmahl Jesu in einem Privathause, als wirkliches Mahl mit Wein und Osterbraten stattgefunden habe, entfiel demselben Herrn Rath Hack, als Vorstandsmitglied, die gewiß denkwürdige Aeußerung: „es könne etwas in der Bibel stehn, aber der Prediger brauche oder solle es nicht sagen!" Von Seiten der Gemeinde selbst ist mir meiner oben geäußerten Ansicht wegen kein Vorwurf gemacht worden, wenn sie auch noch nicht daran dachte, eine wirkliche Aenderung mit der Abendmahlfeier vorzunehmen; und wenn ich zu jener Zeit meine Stelle als Prediger im Jahre 1847 zuletzt niederlegte, so geschah dies nicht, weil ich mich gegenüber einer mit mir unzufriedenen Gemeinde nicht mehr halten konnte, sondern es geschah freiwillig, und sogar gegen den Wunsch der Gemeinde. Denn in den Gemeindeversammlungen, in welchen über mein eingereichtes Entlassungsgesuch abgestimmt wurde, erklärte sich nicht nur die Mehrheit gegen meine Entlassung, sondern selbst Diejenigen, die am wenigsten mit einzelnen meiner Ansichten übereinstimmten, erklärten wörtlich: „gegen mich hätten sie sonst gar nichts, wenn ich nur alle Sonntage „„Kirche"" halte, sie gingen für mich durch's Feuer!" Der damalige Vorsitzende theilte mir den Erfolg der Abstimmung ausdrücklich mit dem Beifügen mit*), „daß ich somit genöthigt wäre, meinem Contrakt gemäß, meine Stelle fortzuversehen. Darauf erhob sich jedoch Struve und verwahrte

---

*) Wörtlich aus: Paulus an die Galater, S. 49.

sich im Namen Aller, die mit ihm gestimmt, daß sie nicht deßwegen gegen meine Entlassung gestimmt, weil sie mich zwingen wollten, meinen Contract zu halten, — daran hätten sie nicht gedacht, — sondern vielmehr nur als Zeichen ihrer Anhänglichkeit". Auf dieses hin erklärte aber auch Einer von denen, welche meinem Wunsch gemäß für meine Entlassung gestimmt hatten, daß sie sich vorgenommen, auch ihrerseits mich ihrer persönlichen Anhänglichkeit zu versichern und auf geschehene Aufforderung hin vereinten sich beide Theile, und erhoben sich zum Zeichen dafür von ihren Sitzen, — Alle ohne eine einzige Ausnahme!

Ich habe mich bei diesen früheren Vorgängen aus dem Grunde länger aufgehalten, weil sie beweisen sollen, daß die Frage über das Abendmahl nicht erst seit gestern in der Mannheimer Gemeinde besprochen wurde, und weil neuerdings wieder die Unwissenheit oder die giftige Verleumdungssucht sie zu meinem Nachtheil zu entstellen sich erfrecht hat! —

Ich gehe jetzt zur Mittheilung dessen über, was Seitens der Minderheit geschehen ist, nachdem die Gemeindeversammlung vom 4. April die Verfassung abgeändert hatte.

Das Erste, was geschah, ging von Herrn Rath Hack aus. Nachdem er unterm 6. April den Beschluß der Gemeinde in einem Artikel des „deutsch-kath. Sonntagsblattes" Nr. 16 angegriffen und darin der Mehrheit der Gemeinde geradezu „Dummheit" vorgeworfen hatte — (ein Artikel, dem er in Nr. 17 sofort noch einen zweiten folgen ließ, in welchem er eine so gründliche Verkennung des Wesens unserer Reform an den Tag legte, daß er Taufe und Abendmahl zu den „Principien" des Deutsch-Katholicismus rechnete), — stellte er am 9. April an den Vorstand den Antrag, daß sofort eine neue Gemeindeversammlung anberaumt werde, weil die Verfassungsänderung, beziehungsweise der Beschluß über das Abendmahl, „große Aufregung" veranlaßt habe und Versöhnung noththue. Es ist das derselbe Herr Hack, welcher selbst den ersten Antrag auf Aenderung der Verfassung gestellt und welcher die Wahl in die vorberathende Commission angenommen hatte, welcher aber trotzdem in keiner einzigen dieser Commissionssitzungen, ja welcher nicht einmal in den beschließenden Gemeindeversammlungen erschienen war. War es Herrn Hack in Wahrheit so sehr um den Frieden in der Gemeinde zu thun, so mußte von ihm erwartet werden, daß er wenigstens doch in einer von all diesen Berathungen und Sitzungen sich gezeigt und mitgesprochen hätte! Er hat dies nicht gethan. Er wußte aber auch, daß nach der alten wie nach der neuen Verfassung der Antrag eines Einzelnen nicht genügt, um eine Gemeindeversammlung zu veranlassen. Er hätte ferner wissen können, daß gerade unmittelbar nach der beschließenden Versammlung vom 4. April, in welcher gegenseitig eine große Erregtheit sich gezeigt hatte, eine neue Versammlung gerade das Gegentheil von dem, was er beabsichtigte, nicht Versöhnung, sondern nur neue Erregung hätte mit sich bringen müssen. Der Vorstand ging darum aus allen diesen Gründen auf die sofortige Berufung einer neuen Gemeindeversammlung nicht ein.

Derselbe Herr Rath Hack erschien in denselben Tagen mit einem andern Mitglied — welches jetzt mit der Mehrheit geht — auf meinem Zimmer, in der Absicht, mich persönlich zu bestimmen, daß ich zur Zurücknahme des Beschlusses über das Abendmahl mithelfe, und daß am bevorstehenden Osterfeste das Abendmahl ganz in der hergebrachten Weise zumal den Kindern zulieb abgehalten werde. Er ging dabei, weil er keiner der Berathungen beigewohnt hatte, von der falschen Annahme aus, daß ich selbst diese Zurücknahme wünsche.

Ich erklärte den beiden Mitgliedern, daß, so sehr ich das Zerwürfniß beklage, ich der festen Ueberzeugung sei, es werde mit der Zeit sich legen, und daß ich als Einzelner, selbst, wenn ich mit dem Beschluß nicht einverstanden wäre, doch nichts ändern könnte. Ich erklärte ferner auf die Bemerkung, daß uns in Folge dieses Beschlusses Beiträge entzogen würden, daraus könnten die beiden Herren am besten sehen, daß es mir mit meiner Ueberzeugung Ernst sei, denn ich, als der Prediger, setze mich dann zu allererst der Gefahr aus, meinen Lebensunterhalt verkümmert zu sehen. Ich verwies schließlich auf die Lehre der Geschichte, daß ohne Kampf sich keine Reformation machen lasse, und auf die Thatsache, daß selbst nach der neuen Verfassung Niemand die Feier des Abendmahls genommen sei.

Der eine der beiden Herren erklärte mir hierauf, er habe durch diesen Besuch den letzten Schritt gethan, den er im Interesse des Friedens für seine Pflicht gehalten; er für sich bedürfe des Abendmahls auch nicht; er hätte es den Kindern zulieb bei der Konfirmation noch gerne gesehen, aber er füge sich dem Beschluß der Gemeinde.

Nicht so Herr Rath Hack. Dieser that wiederholt Aeußerungen, welche mich voraussehen ließen, daß er weitere Schritte beabsichtige, und daß diese Schritte nicht ganz in Uebereinstimmung mit den Grundsätzen unserer Gemeinden sein würden, das konnte ich aus den Worten entnehmen, unter denen wir uns verabschiedeten. Der zweite Herr, welcher mit Herrn Rath Hack gekommen war, wandte sich nämlich beim Fortgehen unmittelbar an diesen selbst und sagte: „Ich habe das Meinige gethan, und gebe mich zufrieden, thun Sie jetzt, was Sie wollen, ich gehe nicht mit Ihnen, aber ich warne Sie, zerreißen Sie nicht unsere Gemeinde!" Diese Worte sprechen deutlich. Nach ihnen hatte Herr Rath Hack damals schon seinen Plan entworfen! Welches er war, und wie er ihn ausführte, wird das Folgende zeigen.

In der bald folgenden Osterwoche erschien beim Vorstand eine schriftliche Eingabe, verfaßt von Herrn Rath Hack, und unterschrieben von mehreren Mitgliedern, worunter aber fast der größere Theil lauter Kinder waren. Die Unterschriebenen verlangten auf Ostersonntag das Abendmahl in der früher herkömmlichen Weise.

Auf dieses Verlangen wurde vom Vorstand erwiedert, daß auf Grund der neuen Verfassung, nach welcher das Abendmahl nicht mehr Gesammtfeier der ganzen Gemeinde ist, es den Betreffenden überlassen bleibe, die Feier für sich zu begehen, nach ihrer eigenen Anordnung. „Sie möchten sich mit dem Prediger, der bereit sei, des Friedens halber einige Worte zur Einleitung der Feier zu sprechen, benehmen, und die Stunde der Feier nur so festsetzen, daß sie mit der Gesammtfeier der Gemeinde am Vormittage nicht zusammenfalle, weil der Prediger ohnedies durch seinen Vortrag und durch die Prüfung und Einführung der Kinder mehr als gewöhnlich in Anspruch genommen sei." Da kein weiterer Schritt mehr geschah, unterblieb die Feier. — Am 19. April, wenige Tage später, erschien ein neues Schreiben des Herrn Rath Hack an den Vorsitzenden, Herrn Stoll, welches einen Vorschlag zur Versöhnung enthalten sollte, und welcher Vorschlag wörtlich lautete: „Taufe und Abendmahl haben nicht mehr die Bedeutung von Sakramenten, sondern gelten als kirchliche Gebräuche, deren Gebrauch Jedem anheimgestellt wird". Um diese Frage hatte es sich aber in allen Berathungen gar nicht mehr gehandelt, und daß jeder seine Freiheit habe in Beziehung auf alle sogenannten Gebräuche, ist schon in den Leipziger Conzilbeschlüssen festgesetzt. Dem betreffenden Vorschlag konnte somit selbstverständlich keine weitere Folge gegeben werden.

Am 20. April, Ostersonntag, fand die Einführung der Kinder in die Gemeinde (Confirmation) statt, und in der geselligen Zusammenkunft am Nachmittag hatte die Gemeinde die Freude, daß gerade dasjenige Mitglied der Minderheit, welches in der Versammlung vom 4. April von sich erklärt hatte, daß ihm das Abendmahl ein Akt der Pietät gegen den Nazarener sei, das Bekenntniß ablegte, es habe sich bei der Einführung der Kinder am Vormittag überzeugt, daß diese Feier auch ohne Abendmahl eine würdevolle sei, daher es jetzt aus voller Ueberzeugung sich der Mehrheit anschließe und dahin wirken wolle, daß es auch die Uebrigen thuen. Wie wenig ihm dieses gelang, zeigt der weitere Verlauf der Sache.

Am 22. April wurde dem Vorsitzenden folgendes Schreiben übergeben: „Lieber Stoll! Zeige ich meinen Austritt aus der Gemeinde, und meinen Anschluß an Heidelberg an. Die Gründe sagt die öffentliche Meinung. Achtungsvoll Hack."

Derselbe Herr Rath Hack also, welcher sein gänzliches Verkennen des eigentlichen Wesens der ganzen Reformbewegung schon im Jahre 1847 dadurch gezeigt hatte, daß er die geschriebenen Paragraphen der „Leipziger Conzilbeschlüsse" als letzte Instanz aufstellte, und welchen das Mitglied, in dessen Begleitung er mich kurz vorher besuchte, gewarnt hatte, keinen Schritt zu thun, welcher die Zerreißung der Gemeinde nach sich ziehen könne, er that jetzt diesen Schritt, indem er das erste Beispiel des Austritts aus der Gemeinde gab.

Uebrigens hat Herr Rath Hack sein gänzliches Verkennen des ersten Grundsatzes unserer Reform, welcher freie Entwicklung und friedliches Nebeneinandergehen verschiedener Ansichten auf dem Boden einer neuen Weltanschauung fordert, schon früher in ähnlicher Weise bekundet, indem auch er es war, der bei den Vorkommnissen im Jahre 1847, seiner damaligen Unzufriedenheit mit meiner „Richtung" noch dadurch einen weiteren Ausdruck gab, daß er mit einigen Andern seinen Austritt aus dem Vorstande erklärte, worauf ihm damals von Seiten des Vorstandes in Folge einer abgehaltenen Gemeindeversammlung die Aufforderung zukam, sein durch diesen Austritt begangenes Unrecht dadurch wieder gut zu machen, daß er die Austrittserklärung zurücknehme, und wieder auf seinen Posten zurückkehre — was damals auch geschehen ist!

Herr Rath Hack begnügte sich nun aber diesmal nicht mit obiger Austrittserklärung an den Vorstand; er machte seinen Schritt auch öffentlich bekannt, indem er in Nr. 19 des „Sonntagsblattes" in einem offenen Briefe von der Gemeinde Abschied nahm, worin er den Beschluß der Mehrheit als einen „Verstoß gegen die Sittlichkeit" hinstellte und mit den Worten schloß: „Ich kann es nicht verantworten, aber auch nicht ändern. Darum scheide ich aus eurer Mitte, verzeihe allen Irrthum und sage herzlich Lebewohl."

Damit war auf Seiten der Minderheit ein Schritt geschehen, welcher voraussichtlich einen immer tieferen Riß in unser Gemeindeleben bringen mußte! Wie man auch den Beschluß der Mehrheit betrachten, und wenn man ihn noch so sehr tadeln und verdammen mag, so viel steht für Jeden fest, der überhaupt in solchen Dingen ein Urtheil hat: Die Mehrheit hat im schlimmsten Fall einen gefährlichen Beschluß gefaßt, aber sie hat ihn gefaßt, nicht nur in ihrem guten, formellen Rechte, sondern im festen Vertrauen auch, daß er im Entwicklungsgang einer reformatorischen Gemeinde, im Wesen aller Entwicklung überhaupt seine letzte Rechtfertigung finde. Welche Rechtfertigung aber kann es für ein Mitglied, das erklärtermaßen nicht in die alte Kirche zurücktreten will, für den „Austritt" aus unserer Gemeinde geben und für den Anschluß an eine andere, welche kraft ihrer Selbstherrlichkeit Morgen ganz denselben Beschluß fassen kann, so daß der Austretende übermorgen konsequenterweise genöthigt wäre, auch aus dieser wieder auszutreten und so fort aus einer in die andere? Wäre Herr Rath Hack in eine der „Kirchen" wieder eingetreten, wo er in den Glaubensbekenntnissen und Verfassungsgrundsätzen eine sichere Bürgschaft gehabt hätte, daß die lokale Gemeinde, der er zunächst sich anschließt, nicht aus **eigener Machtvollkommenheit** wieder Aenderungen für sich vornehmen kann, dann hätte ein solcher Schritt einen Sinn gehabt. **Innerhalb** des „Bundes freier religiöser Gemeinden" aber hat er keinen, so lange jede einzelne Gemeinde dem gemeinsamen Prinzip der Fortentwicklung treubleibt, welches in den Beschlüssen der Mehrheit seinen Ausdruck findet. Das hat aber, wie wir sehen werden, Herr Hack auch selber später eingesehen, indem er in der neugebildeten Sondergemeinde einen Beschluß durchsetzte, durch welchen jenes Prinzip geradezu aufgehoben wird.

Die Minderheit wurde nun aber in der Sonderstellung, welche sie mehr und mehr einnahm, in ihrer Opposition gegen die Mehrheit nicht nur durch diesen Austritt des Herrn Rath Hack, sondern vielleicht in noch höherem Grade dadurch bestärkt, daß von derselben Zeit an die oben schon berührten Stimmen in der Presse laut wurden, welche sich mit Aufgebot aller erdenkbaren Gründe der Minderheit annahmen und den Gemeindebeschluß bekämpften. Diese öffentlichen Stimmen bestärkten die Minderheit um so mehr in ihrer Opposition, als einige derselben von Männern ausgingen, von denen zwei ihre allseitig anerkannten Verdienste um unsere ganze neuere reformatorische Bewegung haben, der eine sogar das der Gründung der ersten Gemeinden, und deren Dritter sich bisher als wohlmeinender Freund der hiesigen Gemeinde insbesondere bewiesen hatte. Es sind das die Erklärungen von Hieronymi und Ronge in „Deutsch-katholischen Sonntagsblatt" Nr. 18. 22. 24. 25, und die Broschüre des Herrn G. F. Schlatter, „Die neueste Bewegung in der freireligiösen Gemeinde in Mannheim".

Obgleich eine eigentliche Widerlegung dieser Erklärungen außer dem nächsten Zweck dieser Denkschrift liegt und der Hauptsache nach bereits im Vorstehenden auch schon enthalten ist, so trägt es doch zur vollständigen Kenntniß der Thatsachen bei, wenn wir uns dieselben noch etwas näher betrachten. Wir gehen dabei von der Voraussetzung aus, daß alle drei Erklärungen in der besten Absicht veröffentlicht wurden, und daß namentlich der letzteren keine Motive zu Grunde liegen, durch welche, wie es Manchem scheinen wollte, persönliche Absichten verfolgt wurden, die mit der streitigen Sache nichts zu thun haben. Dieses vorausgesetzt, muß es jedenfalls in hohem Grad auffallen, daß alle diese Erklärungen, welche so siegesgewiß und in der Meinung, den Gegner niederzuschmettern, abgegeben wurden, an dem gemeinsamen Fehler leiden, entweder der Mehrheit Dinge vorzuwerfen, an **die sie gar nicht gedacht hat**, oder aber mit Gründen zu kämpfen, welche vor dem Richterstuhl der Geschichte, der Vernunft und der strengen Wissenschaft keinen Bestand haben!

So wenig die Mehrheit daran gedacht hat, die Feier des Abendmahls in ein Gasthaus zu verlegen, oder auf alles Symbolische überhaupt verzichten zu wollen, oder mit ihrem gefaßten Beschlusse groß zu thun und sich für die Fortgeschrittensten zu halten, so wenig hat sie beim Verzicht auf das Abendmahl daran gedacht, mit der geschichtlichen Vergangenheit, insbesondere mit dem Christenthum, d. h. mit dem, was werth ist, davon erhalten zu werden, radikal zu brechen. Und doch hat man der Mehrheit dieses vorgeworfen! Wenn ein einzelnes Mitglied in jenem ersten Bericht über die Verfassungsänderung, von welchem früher die Rede war, erzählte, daß die Gemeinde bei Gelegenheit der Schillerfeier eine Abendversammlung mit einem festlichen Mahle gehabt habe, und in Beziehung auf die feierlich gehobene Stimmung von diesem Mahle sagte, es sei in Wahrheit ein „Abendmahl" gewesen, so ist das doch wahrhaftig noch lange nicht eine Erklärung oder gar ein Beschluß der Gemeinde über das Abendmahl! Wenn man auf das Symbol des bisherigen Abendmahls aber verzichtet, weil die Form dieses Symboles für unser Bewußtsein und unser Gefühl nicht mehr Bedürfniß ist, so hat man damit doch gewiß noch nicht erklärt, daß man Feind jedes Symboles sei, auch desjenigen, das seiner Form nach uns vielleicht zusagt! Eben so wenig kann man aber, was ich oben schon berührt habe, einer Gemeinde darüber einen Vorwurf machen, daß wenn sie einmal in ihrer geistigen Entwicklung an dem Punkt angekommen ist, wo sie glaubt, eines herkömmlichen Symboles entbehren zu können, sie dieses offen ausspricht, und daß sie in diesem Entbehrenkönnen, in diesem Verzichten auf ein Symbol für ihr geistiges Leben, für ihr Bewußtsein einen Fortschritt sieht. Man wird doch nicht behaupten wollen, daß die Symbole der Religion eben so wesentlich seien, als die Gedanken, die Wahrheiten, die ihnen zu Grund liegen, oder gar als die sittliche Praxis, die sittliche That. Man wird doch aus der Geschichte die Thatsache nicht wegleugnen wollen, daß, je mehr der Menschheit die ewigen Wahrheiten der Religion zu immer klarerem Bewußtsein gekommen sind, um so mehr auch das Bedürfniß nach Beibehaltung überlieferter Symbole abgenommen hat! Wo sind denn, um nur an das Nächstliegende zu erinnern, wo sind die Symbole, die Ceremonien der römischen Kirche in der protestantischen hingekommen? Welcher Protestant sieht nicht in dem Verzichten auf den Gebrauch des Oeles, des Salzes und der Asche, in dem Verzichten auf das Knieen und das Kreuzmachen, auf Rosenkranz, Weihwasser, Fasten u. s. w. einen Fortschritt seines Denkens, seines religiösen Bewußtseins? Was dem Einen recht, ist dem Andern billig. Mit demselben Recht darf jede Gemeinde im Verzicht auf die Symbole des Kelches und des Brodes, wenn diese ihr kein Bedürfniß mehr sind, einen Fortschritt vom Sinnlichen zum Geistigen, von der Form zum Gedanken erkennen, und es hat keinen Sinn, ihr deswegen, wie es geschehen ist, einen Vorwurf zu machen. Es hätte nur dann einen, wenn eine Gemeinde recht lächerlicher Weise sich damit brüstete und auf die übrigen herabsähe. Aber daß die Mannheimer Gemeinde, als solche, das gethan, das müßte ihr erst noch nachgewiesen werden! Und wenn schließlich die Gemeinde in ihrer neuen Verfassung ausdrücklich sagt, daß sie sich vorbehalte, das Andenken besonders auch von Jesus von Nazareth in würdigster Weise zu feiern, so ist das, selbst wenn sie die Form des Abendmahles aufgibt, doch wahrlich kein radikales Brechen mit dem Geist des Nazareners, mit dem Geist seiner Grundsätze! Wer überhaupt aber den innern Zusammenhang unserer Gemeinden mit der Vergangenheit und ihren Religionen blos nach einer Ceremonie bemißt, die wir beibehalten oder nicht, nach einem Tropfen Wein und einem Krümchen Brot, der sollte sich doch lieber zehnmal vorher ernstlich fragen, ehe er in einer solchen Sache öffentlich das Wort ergreift.

Wie wir zum **Christenthum** stehen, das ist seit Jahren in unseren Gemeinden und unseren Schriften laut und feierlich und hundertfach gesagt worden. Die Einen von uns legen noch einen besonderen Nachdruck darauf, das Wesentliche, wie sie sagen, des Christenthums bewahrt zu haben, sie sind eifersüchtig sogar auf den Namen „christlich"; andere, welche das Wesen des Christenthums anders aufgefaßt und darin einen Gegensatz zu der neuen Welt- und Lebensanschauung erkannt haben, sie haben sich nie gescheut, das offen auszusprechen, sie haben aber auch nicht vergessen, um so schärfer den Unterschied hervorzuheben, welcher zwischen dem geschichtlich gewordenen **Christenthum** und zwischen dem **genialen Lebensgedanken des Nazareners** besteht, so fern sich dieser aus dem Gewirr der evangelischen Sagenberichte noch herausfinden läßt.

Was nun aber die eigentlichen Gründe betrifft, welche für die Nothwendigkeit der Beibehaltung des Abendmahls vorgebracht wurden, so steht es mit ihnen nicht weniger mißlich. Ich verweise jedoch in dieser Beziehung wiederholt auf meine Schrift „**Opfer und Opfermahle**", wo ich mich bereits darüber ausgesprochen, und möchte hier nur auf Folgendes nachträglich noch aufmerksam machen.

Man hat behauptet, die Beibehaltung des Abendmahls sei deswegen nothwendig, weil es ohne Cultus keine Religion gebe, wenigstens keine für's sogenannte „Volk". Man gibt zu, daß wissenschaftlich gebildete Menschen, Philosophen, auf solche herkömmliche Cultusformen wohl verzichten können, das „Volk" aber, die weniger Gebildeten, sie brauchten solche Formen, weil sie die Wahrheit ohne sinnliche Einkleidung, ohne sinnliches Gewand gar nicht zu vertragen oder ohne so etwas Handgreifliches gar nicht zu verstehen im Stande seien. Diese Behauptung ist eben so wahr, als sie falsch ist. Wahr ist, daß es noch Millionen gibt, welche in der That solcher Formen bedürfen, weil sie ihnen die einzigen Erziehungsmittel sind, durch welche ihr Geist allmählich für die Erkenntniß der Wahrheit und ihre sittliche Bethätigung verbreitet wird.

„Was erst, nachdem Jahrtausende verflossen,
„Die alternde Vernunft erfand,
„Lag im Symbol des Schönen und des Großen
„Vorausgeoffenbart dem kindischen Verstand." (Schiller.)

Wer aber deswegen die ewige Beibehaltung solcher Symbole für nothwendig erklärt, der verkennt gerade ihr eigenstes Wesen, ihre eigenste Bedeutung. Jedes Erziehungsmittel hat seine Zeit, jedes Erziehungsmittel hat seinen vorübergehenden Charakter. Wenn das kleine Kind auf seinen eigenen Füßen stehen kann, dann braucht es das Gängelband nicht mehr, an dem es bis dahin geführt wurde. Wenn der Erwachsene den Gedanken der Allgegenwart, der unmittelbaren Nähe des Göttlichen in seiner Wahrheit erfaßt hat, dann braucht er der Symbole nicht mehr, welche zur Erkenntniß dieser Wahrheit ihn geführt haben. Solche Symbole waren die **Götterbilder**, die einst die Tempel des Heidenthums geschmückt, die **Stiftslade**, die dem jüdischen Volke vorangetragen und im Tempel zu Jerusalem aufbewahrt ward, der **Christus** der christlichen Kirche (im Unterschied zum Jesus von Nazareth), der als die leibhaftige Erscheinung des überweltlichen Gottes verehrt ward, die Hostie in der Messe, in welcher der fromme Glaube von Tausenden ja heute noch die Allgegenwart und Nähe des Göttlichen schaut und greift, und schmeckt und anbetet u. s. w. All' diese Symbole hatten und haben ihren Werth für Diejenigen, die ihrer bedürfen, für Diejenigen also, welche ohne dieselben den Gedanken nicht erfassen können, der ihnen zu Grunde liegt.

Wie viele aber sind es, die heute noch ihrer bedürfen? Wie viele Millionen des geringsten Volkes haben längst auf die Beibehaltung dieser Symbole verzichtet?

Sie haben statt ihrer noch einige wenige andere beibehalten, aber liegt nicht gerade in diesem Rückblick auf die Geschichte der Wink enthalten, daß, sowie die Menschheit **bisher** sich einer Menge von Symbolen **all= mälig** entledigt hat — so oft sie ihren erziehlichen Zweck erreicht hatten —, daß ganz in derselben Weise sie auch in Zukunft immer nur diejenigen noch beibehalten wird, welche ihr ein wirkliches Bedürfniß sind, daß sie alle anderen aber, sobald sie ihren erziehlichen Zweck erreicht, aufgeben wird?

Wie aber steht es denn nun mit dem Symbol des Abendmahls in unserer heutigen Gesellschaft? Will man sich denn die Augen mit Gewalt zuhalten gegenüber dem öffentlichen Geheimniß, daß weitaus der größte Theil derer, in deren Katechismus dieses Symbol als eine der heiligsten, der bedeutungsvollsten, der segensvollsten Handlungen aufgeführt ist, **seit Jahrzehnten am Abendmahl gar keinen Antheil nimmt, seit Jahrzehnten sich um das Abendmahl gar nicht im Min= besten mehr kümmert?** Und wer sind sie denn, diese Abendmahlsver= ächter? Sind es nur die wissenschaftlich Gebildeten, nur die „Philosophen", oder sind es nicht auch Hunderttausende der weniger Gebildeten, Hundert= tausende des allergeringsten Volkes? Will und kann man denn diese That= sache leugnen? Will und kann man denn leugnen, daß Tausende von Vätern das Abendmahl ganz vergessen haben und nur durch die Confir= mation eines ihrer Kinder erst wieder daran erinnert werden? Will und kann man denn leugnen, daß Hunderttausende von denen, die es bei ihrer Confirmation mitbegehen mußten, weil es so kirchlich vorgeschrieben ist, daß, sage ich, Hunderttausende von diesen in ihrem ganzen Leben nie mehr das Bedürfniß nach dem Abendmahl fühlen, nie mehr es feiern?

Man nehme heute noch eine Zählung vor und es wird sich mit Zahlen herausstellen, daß von einer Million als Christen Eingeschriebener noch keine Viertels=Million am Abendmahl Theil nimmt! Aber sind das vielleicht die **sittlich Schlechten**, die sittlich Verkommenen? Die Herren Geistlichen würden der Wahrheit einen viel größeren Dienst leisten, wenn sie hierüber einmal statistische Angaben der Oeffentlichkeit preisgäben, daß Jedermann sähe, woran wir sind, als wenn sie immer nur über die Ab= nahme des Abendmahlbesuches klagen oder alle die für Kinder des Teufels halten, die so ehrlich sind, offen zu bekennen, das ihnen das Abendmahl kein Bedürfniß mehr ist!

Ich scheue mich, nicht zu erklären, daß nach meiner Ansicht gerade auf Seite derer, welche das Abendmahl feiern, eine viel größere Gefahr für die wahre Sittlichkeit besteht. Ich scheue mich nicht, zu erklären, daß nach meiner Ansicht das Abendmahl für Tausende nur eine Nahrung ihres religiösen Hochmuths wird, der sich eben deswegen für mehr und für besser hält, weil sie an dieser Feier Theil nehmen, und der sie auf alle Andern von Oben herabblicken läßt! Ja, ich erkläre weiter, das Abendmahl ist für Tausende eine Nahrung, eine Bestärkung ihrer Lieblosigkeit, ihrer Hartherzigkeit, ihrer Selbstsucht! Wie viele bilden sich ein, wenn sie nur mit den Andern aus einem Kelch getrunken, von einem Brod gegessen, damit sei's gethan? Wenn sie ihrem Nachbar beim Abendmahl aber auf der Straße begegnen, kennen sie ihn nicht mehr und wollen ihn nicht mehr kennen! Er trägt ja einen zerrissenen Kittel, er ist ein armer Teufel, er ist ein Mensch ohne weitere Bildung! Und wenn er sie vielleicht aus dringender Noth um eine Gabe bittet, dann weisen ihm oft dieselben, die bei dem Abendmahl vor überschwenglicher Andacht fast vergehen wollten, kalt und herzlos die Thüre!

Und das soll das Symbol sein, ohne welches das Gemüth leer ausgehe, ohne welches wir unsere Umgebung von uns stoßen, ohne welches wir „brechen mit der geschichtlichen Vergangenheit", ohne welches wir „in die Luft" bauen?

Das soll das Symbol sein, ohne welches die „Idee der Brüderlichkeit" nicht könne verbreitet werden, und durch dessen Aufgeben, wie Ronge sagt, wir „aus der Linie brechen"? Sind wir denn eine Armee Soldaten, die auf ein Kommandowort zu hören haben? Oder sind wir eine organisirte Partei, die ihre Verhaltungsbefehle erst abzuwarten hat? Und dann, wie viele Mitglieder der freien religiösen Gemeinden, in deren Mitte es hauptsächlich nur als Symbol der „Idee der Brüderlichkeit" noch gefeiert wird, wie viele nehmen denn auch nur von diesen wirklichen Antheil an dem Abendmahl? Will man denn aber behaupten, daß von den Nichttheilnehmern die „Idee der Brüderlichkeit" nicht gepflegt werde, oder muß nicht der Unbefangene zugeben, daß es gerade in unserer Zeit eine Menge anderer Dinge gibt, welche bewußter oder unbewußter Weise zu Symbolen jener Idee geworden sind und zu ihrer Pflege und Verbreitung hundertmal mehr beitragen, als das Abendmahl? Wer will denn in unsern Tagen den großartigen sittlichen Einfluß verkennen, welcher ausgeht vom Feuer und Dampf auf Schiffen und Eisenbahnen, wo Hunderte aus allen Ständen, die Reichsten wie die Aermsten, im nämlichen Raum sich zusammenfinden und nicht nur stumm, sondern im gegenseitigen Austausch ihrer Gedanken und Ansichten! Oder glaubt man denn wirklich, ohne das Abendmahl könne die „Idee der Brüderlichkeit" nicht verbreitet und gepflegt werden? Haben denn die Juden nicht auch die „Idee der Brüderlichkeit"? Haben sie die Christen allein, die sich seit 18 Jahrhunderten vor lauter Ueberfluß an Brüderlichkeit zu Tod gestritten haben?

Man hat auch behauptet, das Abendmahl müsse beibehalten werden, schon deswegen, weil Jesus selbst zu diesem Zweck es „eingesetzt" habe. Ich habe aber in meiner obengenannten Schrift ausführlich nachgewiesen, daß wenigstens eben so viel Gründe dafür sprechen, daß Jesus selbst dieses Abendmahl nicht eingesetzt hat, und möchte hier nur das Eine noch zeigen, wie grundlos die Behauptung ist, daß man sich die Feier des Abendmahles in den ersten christlichen Gemeinden sonst gar nicht erklären könne, wenn Jesus es nicht selbst eingesetzt hätte.

Ich frage einfach, wie kam es denn, daß in den ersten christlichen Gemeinden der Glaube an die Auferstehung allgemein verbreitet, ja, daß er der Mittelpunkt des ganzen damaligen Christenthums war? Kam das daher, weil Jesus wirklich auferstanden war? Oder kam es nicht vielmehr daher, weil nach seinem Tode die schöpferische Phantasie seiner Anhänger diesen Auferstehungsglauben in rein psychologischer Weise — wie neuestens L. Noack in schlagender Weise nachgewiesen — aus sich heraus erzeugt hatte? Wenn aber der Glaube an Jesu „Auferstehung" entstehen konnte, ohne daß eine wirkliche geschichtliche Thatsache ihm zu Grunde lag, dann konnte die Abendmahlsfeier wenigstens eben so entstehen, ohne daß Jesus selbst sie „eingesetzt" haben mußte.

Derjenige, welcher in seinen Einwendungen gegen die Verzichtleistung auf das Abendmahl obige Behauptung aufstellt, Herr G. F. Schlatter, erklärt nun aber ausdrücklich, daß für ihn die Auferstehung nur Mythus oder Poesie sei; er gibt also zu, daß der Glaube an Auferstehung entstehen konnte, ohne einen geschichtlichen Grund. Wie kann er darum, wenn er nicht auf alles wissenschaftliche Denken Verzicht leisten will, behaupten, das Abendmahl könne nicht auch auf ähnliche Weise entstanden sein, zumal wenn er nicht vergißt, daß lange vor dem Christenthum, ganz besonders aber in dem Jahrhundert seiner Entstehung solche heilige Mahle im ganzen römischen Reich verbreitet waren? Wo ist die Consequenz der Logik? Wie oft muß es denn gesagt werden, daß man entweder das Recht des Prüfens und Denkens leugne, wie es der prüfungslose Glaube thut, oder aber, wenn man das Recht der wissenschaftlichen Prüfung anerkennt, auch consequent sei und vor keiner Folgerung zurückschrecke! Der Einzelne mag, wenn es sich blos um die persönliche Befriedigung seines Gemüths handelt, in der Annahme und im Verwerfen von Dogmen und Ceremonien wählerisch sein, nach seinem Belieben; wer sich aber auf's Gebiet wissenschaftlicher Prüfung begibt, der sollte doch nicht vergessen, daß hier das persönliche Belieben aufhören muß, und wer dieses nicht lassen kann, besser thut, sich fern zu halten!

Wenn man aber schließlich das Aufgeben der bisherigen Form des Abendmahls nicht geradezu verwirft, aber verlangt, daß, wenn man es aufgebe, eine andere Form als Ersatz an dessen Stelle gesetzt werde, dann muß man denn doch fragen, ob man Angesichts der Geschichte und der Gesetze der Entwicklung überhaupt ein Recht hat, diesen Ersatz durch eine andere symbolische Form zu verlangen? Wenn ein Kind sein Gängelband nicht mehr braucht, muß man ihm dann ein anderes Band als Ersatz geben? Der Ersatz besteht doch offenbar in seiner entwickelteren Körperkraft, die ihm das Gängelband entbehrlich macht! Und so ist auch der Ersatz für das Symbol der „Brüderlichkeit" in nichts Anderem zu suchen, als in der entwickelteren Seelen- und Geisteskraft des Einzelnen, die — wir geben es ja gerne zu — bei Manchem durch jenes Symbol geweckt und gestärkt wurde, die aber einmal in ihrer Entwicklung an dem Punkt ankommt, wo sie, in sich selbst erstarkt, jener erziehenden Symbole nicht mehr bedarf! Vergesse man doch nicht, was oben schon berührt wurde! Die Menschheit hatte einst — um den Gedanken der Gegenwart des Göttlichen zu erfassen — der Symbole der Götterbilder nöthig; sie ersetzte sie später durch das Symbol des einen Gottessohnes Christus, und noch später durch die Hostie und die Wandlung der Hostie in den Leib Christi! Was haben denn die freien Gemeinden für einen Ersatz jetzt für alle diese Symbole? Haben sie ein anderes dafür? Nein! Aber ihr Ersatz ist: die im Bewußtsein erstarkte Idee, die jenen Symbolen zu Grunde lag!

Nach diesen Bemerkungen über den Hauptinhalt der gegen die Mehrheit der Gemeinde erschienenen öffentlichen Urtheile, wie sie zunächst in den Erklärungen der Herren Hieronymi, Rouge und Schlatter enthalten sind, gehe ich zur Mittheilung dessen über, was in der Zeit nach diesen Veröffentlichungen inmitten der Gemeinde geschehen ist. Es war vorauszusehen, daß durch das Bekanntwerden solcher Stimmen die Minderheit in ihrem Sonderstreben nur bestärkt werden mußte, und es wurde dieses auch wiederholt von jener Seite zugestanden, indem mehr als einmal in Zeitungsartikeln zu lesen war, „daß sogar ein Mann wie Ronge u. s. w." die Handlungsweise der Mehrheit auf's Entschiedenste mißbillige!

Inwieweit diese Stimmen, ohne daß sie es irgend beabsichtigten, auch auf das Ueberhandnehmen persönlicher Gereiztheit, auf das Hervortreten persönlicher Gehässigkeit ihren Einfluß übten, muß der Beurtheilung eines jeden Lesers überlassen bleiben. Thatsache ist es aber, daß wenige Tage nach der Erklärung Hieronymi's Folgendes vorfiel. Czersky hatte auf seiner Durchreise auch in hiesiger Gemeinde einen Vortrag gehalten. Er hatte in diesem unter Andern erklärt, es sei nicht genug, blos einen Anlauf zu freierer geistiger Erhebung zu nehmen, man müsse auch consequenterweise an seiner geistigen Entwicklung fortarbeiten und sich nicht durch das oder jenes in dieser Entwicklung gleich wieder hemmen lassen. Er faßte diesen Gedanken dann zusammen in dem biblischen Bild des Lazarus, der zwar auferstanden sei, aber die Grabesbinde noch um sein Gesicht gehabt hätte. Von den Vorgängen in unserer Gemeinde speziell hatte er nicht eine Sylbe gesprochen. Darauf erschien in dem hiesigen „Journal" folgender Artikel:

„Nachruf
an den freireligiösen Prediger Czersky aus Schneidemühl.

Wir Männer aus dem Volke haben tiefgerührt Ihren gestrigen Auferstehungsruf vernommen und bedauern daher von Herzen, daß uns das Glück versagt ist, Sie jemals wieder in unserer Mitte von Angesicht zu Angesicht zu schauen, da wir die fatale Lazarus=Binde um unsere Augen nicht los werden können und in ewiger Blindheit herumtappen müssen.

Darum leben Sie wohl auf Nichtwiedersehen!
Mannheim, den 12. Mai 1862.
Die Nichtbeigetretenen vom 4. April.
In deren Namen:
Ludwig Söllner."

Ich enthalte mich jedes Wortes über eine Denkungsweise, die einer solchen Veröffentlichung, einer solchen Handlung fähig ist; es genügt, sie mitzutheilen! Der Unterschriebene ist derselbe, der früher schon als Hauptwortführer der Minderheit neben Herr Rath Hack genannt wurde. Ich mache nur noch auch auf die Lüge aufmerksam, die in so fern darin enthalten ist, als der Unterzeichnete sich das Ansehen gibt, im Namen Aller von der Minderheit zu sprechen, während gleich am Tage darauf folgende Berichtigung im hiesigen „Anzeiger" erschienen ist:

„Erklärung.

Unterzeichnete erklären hiermit, daß sie Hrn. Ludwig Söllner nicht ermächtigt haben, den im gestrigen Journal enthaltenen Nachruf an Prediger Czersky auch in ihrem Namen zu veröffentlichen.
Mannheim, den 14. Mai 1862.
Conrad Zenglein. Catharina Gronauer."

Damit man aber um so besser bemessen könne, welches Recht, sich zum öffentlichen Wortführer in einer solchen Angelegenheit aufzurufen, obiges Mitglied vermöge seiner Einsicht oder gar seiner Kenntnisse habe, theile ich auch folgende zwei Veröffentlichungen mit, indem ich der Wahrheit gemäß nur vorausschicke, daß es sich allerdings nicht ganz genau ermitteln läßt, wie viel persönlichen Antheil der Unterzeichnete daran gehabt, da er selbst zugestanden hat, daß ein gewisser hier wohnender Schreiber, welcher gar nicht zur Gemeinde gehört, ihm gegen Bezahlung diese Geistesarbeit lieferte.

Beide Veröffentlichungen erschienen im hiesigen „Journal" und die erste sollte eine Antwort sein auf jenen früher schon besprochenen Bericht, den ein Mitglied der Mehrheit, mit seinem Namen unterzeichnet, im „Sonntagsblatt" eingesandt hatte — sie lauten also:

„Erwiederung auf den Artikel
in Nr. 15 des Deutsch-katholischen Sonntagsblattes in Wiesbaden aus Mannheim.

Der Herr Verfasser jenes Artikels sagt am Schlusse: „wieder einen Schritt weiter in der Geschichte zurückgelegt". Wir sagen aber, ihr habt nicht einen Schritt vorwärts zurückgelegt; rückwärts seid ihr gegangen, was schon so vielfältig, alle Handlungen, welche bisher durch jene Herren hervorgegangen sind, bewiesen haben.

So wurde unter Anderm eure Halle mit Büsten berühmter Männer geschmückt, welches uns an das Pantheon zu Rom — ein Tempel, in welchem alle einheimische und fremde Götter Aufnahme und Verehrung fanden, erinnert — Diese Männer, welche in der Halle aufgestellt sind, verdienen allerdings Verehrung, und werden noch nach tausenden von Jahren verehrt werden, aber nicht in einer Halle, sondern in einem Theater, Concertsaale 2c., wo derartige Büsten ihrem Charakter und ihrer Kunst wegen hingehören.

Die Aufstellung der Büsten erinnert uns an den Tempel zu Babel, in welchem, es soll ein babylonischer König Namens Bel gewesen sein, der allmälig zu einem Götzen wurde; durch was kam das? weil die Menschen ihn selbst dazu machten, indem sie seine Büste in ihrer Bethalle aufstellten und verehrten. Dieses war der Anfang der Menschenvergötterung; was aber schon seit tausenden von Jahren nicht mehr geschieht und durch die Aufklärung der Menschheit beseitigt wurde. Und diese Herren wollen nun im 19. Jahrhundert die Menschen auf den uralten Gebrauch zurückführen, und nennen es Fortschritt, das aber jeder Rechtgläubige und vernünftige Mensch Rückschritt nennt.

Dieses unser letztes Wort über diesen Artikel.

Die Nichtbeigetretenen vom 4. April.
Ludwig Söllner 2c."

Man darf es jedenfalls auch hier mit der pomphaften Unterschrift „die Nichtbeigetretenen" eben so wenig genau nehmen, wie bei dem obigen Nachruf. Den Inhalt aber betreffend, darf man wohl sagen, in einer religiösen Angelegenheit öffentlich das Wort führen wollen und einen solchen Gallimathias von Geschichtskenntniß drucken lassen, dazu gehört schon eine starke Stirne. Von größerer Bedeutung — weil den später entstandenen Streit über das Eigenthumsrecht im Keime enthaltend — ist die zweite Veröffentlichung, also lautend:

„Die Redaktion des Wiesbadener Deutsch-katholischen Sonntagsblattes bringt zur Kenntniß des Publikums, daß, nach ihr zugegangenen Privatnachrichten, die Mißhelligkeiten in der Mannheimer Gemeinde beigelegt seien, weshalb sie die ihr noch vorliegenden, darauf sich beziehenden Aufsätze vorerst bei Seite gelegt habe. — Hierauf ist zu erwidern, daß sich die Sache nicht also verhält, sondern daß vielmehr, so lange der Grund des Streites nicht beseitigt ist, auch an einen Frieden, der ja in diesem Falle nur ein fauler und erheuchelter sein würde, gar nicht gedacht werden kann. Die Mehrheit der Nichtbeigetretenen betrachtet sich als die zu Recht bestehende, auf dem gesetzlichen Boden stehende Gemeinde, die an Taufe und Abendmahl festhält, und überläßt es denjenigen, die sich von den allgemeinen Statuten losgesagt haben und dabei beharren wollen, einen Sonderbund innerhalb der freireligiösen Gemeinschaft zu bilden, wenn sie meint, daß sie dadurch der guten Sache einen Dienst leiste.

Ludwig Söllner."

Hier ist, wie gesagt, zum ersten Male die Behauptung ausgesprochen, daß die Minderheit sich als die einzige rechtmäßige Gemeinde, die Mehrheit dagegen als Abgefallene, als „Sonderbündler" betrachtet, und der Verfolg wird zeigen, wohin diese Behauptung zuletzt noch geführt hat.

Der nächste Schritt, den die Minderheit that, war nun der, daß sie, und zwar in ihrer Gesammtheit, mit den Unterschriften Aller, die sich ihr anschlossen, eine Eingabe an die Bundesversammlung machten, welche am 18. und 19. Juni in Gotha tagte. Diese Eingabe hatte den Zweck, nachzuweisen, daß die Gemeinde mit ihrem Beschluß über's Abendmahl gegen die Grundsätze der Verfassung gehandelt, und von der Bundesversammlung zu erlangen, daß die Gemeinde zur Zurücknahme jenes Beschlusses veranlaßt werde. Wie wenig genau es aber in dieser Eingabe mit der Wahrheit genommen wurde, mag daraus ersehen werden, daß unter Andern der Vorstand darin angeklagt war, er habe „eigenmächtig" gehandelt, er suche die Gemeinde zu „beherrschen", ja er sei es, der eigenmächtig namentlich auch den sogenannten „Altartisch" entfernt habe, während es Thatsache ist, und die Protokolle nachweisen, daß in keinem einzigen Punkt der Vorstand seine Befugnisse überschritten, daß die Gemeinde überall, wo es die Verfassung verlangte, selbst entschieden, und daß sie namentlich den Beschluß wegen Entfernung des sogenannten „Altartisches" in verfassungsmäßig ausgeschriebener Gemeindeversammlung gefaßt hat!

Da diese Eingabe jedoch nicht öffentlich in der Bundesversammlung verlesen, sondern einfach erklärt wurde, daß man der Gemeinde diese Angelegenheit selbst überlassen müsse, so berührt sie uns in dieser Darstellung nicht weiter. Dieselbe Erklärung Seitens der Bundesversammlung wurde auch der Mehrheit gegenüber ausgesprochen, welche von ihrem gefaßten Beschluß eine einfache Anzeige dahin gemacht hatte. Ich kann nun aber nicht umhin, mit einigen Worten wenigstens der Verhandlungen überhaupt zu gedenken, welche durch die Abendmahlsangelegenheit in Verbindung mit der von Magdeburg angeregten Frage über die Feiertage in Schooß der Bundesversammlung veranlaßt wurden. Ich kann das um so weniger übergehen, als in der Folgezeit ein anonymer Brief, dessen Verfasser sich nicht zu nennen gewagt hat, der aber in mehreren Abdrücken in hiesiger Stadt in Umlauf gesetzt wurde, und von welchem am Schlusse dieser Darstellung noch die Rede sein wird, mir in ziemlich deutlicher Weise den Vorwurf machte, ich hätte den Gang dieser Verhandlungen, oder den Sinn derselben absichtlich vor meiner Gemeinde entstellt!

Diese Verhandlungen der Bundesversammlung — ich berufe mich auf alle Anwesenden! — waren in Kürze folgende:

Ich erklärte, daß die Mannheimer Gemeinde aus zwei Gründen Anzeige von ihrem gefaßten Beschluß mache; sie halte es für Pflicht, damit die übrigen Gemeinden wissen, was vorgegangen; sie glaube aber auch, im Bewußtsein ihres Rechtes, daß, wenn die Sache im Schoß der Bundesversammlung überhaupt besprochen werde, dieses nothwendig zur Aufklärung über die streitige Frage und dadurch zum Frieden in der Gemeinde beitragen müsse.

Die Einen in der Versammlung — namentlich Kerbler und Ronge erklärten hierauf, daß es besser sei, gar nicht weiter darüber zu sprechen; das geschehe besser in der Presse, oder im Schoos der einzelnen Gemeinden. Baltzer, welcher den Vorsitz führte, hob hervor, daß der Bundesversammlung kein Richteramt zustehe, worauf ihm Hofferichter bemerkte, daß die Mannheimer Gemeinde, wenigstens die Mehrheit derselben auch gar keinen Richterspruch, sondern eben nur eine Besprechung wünschte, und er billige das, sofern diese — absehend von dem speziellen Fall — auf **prinzipiellem Boden** sich bewege. Damit erklärte sich **Herrendörfer** einverstanden. **Krebs** meinte, der Bundesvorstand dürfe in Zukunft ein= für allemal keine Eingabe mehr annehmen, welche einen Richterspruch von ihm verlange. **Sachse**, **Czersky** und **Zedler** stimmten überein, die Mannheimer Gemeinde sei in ihrem Recht, sie habe vom Prinzip der Selbstbestimmung Gebrauch gemacht, sie habe ihre Befugnisse nicht überschritten, und es stehe nichts entgegen, diese Erklärung hier auszusprechen; **Rupp** beantragte, diese spezielle Frage fallen zu lassen, und die ganze Sache der Mannheimer Gemeinde anheimzustellen.

Hiermit war die spezielle Besprechung des **Mannheimer Falles** beschlossen, und es folgte die andere über die **Magdeburger Vorschläge**, betreffend die „religiösen Feste". Mit dieser wurde zugleich die vorher angeregte Frage verhandelt, „ob in solchen Angelegenheiten überhaupt **Majoritätsbeschlüsse wünschenswerth seien?"**

Baltzer war der Ansicht, daß zwei Gesichtspunkte nothwendig festzuhalten seien: Auf der einen Seite die **größtmögliche Nachsicht und Schonung** jedes religiösen Bedürfnisses, und keine Majoritätsbeschlüsse, so lange noch eine **bedeutende Minorität** dagegen sei; in **diesem Falle** sollen die, „welche sich für die Vorangeschrittenen halten, die Andern nicht zu überstimmen suchen, sondern geduldig an der Ueberzeugung derselben zu arbeiten bemüht sein". Auf der andern aber die Voraussetzung, daß es sich auch in Wahrheit um ein **wirkliches** Bedürfniß handle! Jedes Symbol habe nur so lange wahren Werth und Anspruch auf volle Berücksichtigung, als es von einer lebendigen Ueberzeugung getragen sei; Symbole, die ohne Ueberzeugung nur noch nachgeschleppt werden, seien welke Blätter, die aus dem Baume keinen Lebenssaft mehr zögen. So sehr er daher der **Schonung** das Wort redete, ebensosehr warnte er vor der **Gleichgültigkeit**, und meinte, es werde immer noch zu viel Werth auf **Formen** gelegt, es fehle in diesen Dingen noch zu sehr an der rechten **Gewissenhaftigkeit**. Als Beweis, daß dieses nicht nur meine persönliche Auffassung von **Baltzer's** Erklärung ist, führe ich aus dem Protokoll der Versammlung, wie es im 1. Heft der „Bundesblätter" veröffentlicht wurde, folgende hierauf bezügliche Stelle an: „Die religiösen Formen sind an sich nichts, sondern sie sind nur etwas durch die Erfüllung mit dem Gewissensleben, wie das Blatt nur etwas ist, so lange es am Baume sitzend, von dessen Leben erfüllt wird; abgerissen von ihm ist es leblos, und verfällt der Verwesung." Und der Bericht des „Deutschkath. Sonntagsblattes" in Nr. 27 faßt **Baltzer's** Erklärung wörtlich so auf: „Aeußere Formen bekommen nur durch das in ihnen sich aussprechende innere Gewissensleben ihren Werth; seien sie hierzu nicht geeignet, so müßten sie geändert oder abgeschafft werden. Doch möge man vorsichtig sein, hierin Majoritätsbeschlüsse zu fassen, wenn keine große Uebereinstimmung herrsche, und eine nicht unbedeutende Minorität vorhanden sei; diejenigen, die am unbefangensten seien, könnten solche Vorsicht um so mehr üben."

Damit erklären sich **Hieronymi** und **Henneberg** einverstanden. **Uhlich** macht die Bemerkung, daß speziell das „Abendmahl" in seiner Gemeinde als eine „**absterbende Form**" betrachtet werde. **Hofferichter** theilt mit, daß bei ihnen in solchen Angelegenheiten die Majorität der Minorität nachgebe, im Bewußtsein, daß das Todte zuletzt von selbst falle, und daß bei ihnen alle spezifisch „christlichen" Feste, wie Charfreitag,

Bußtag, zu schwinden anfangen, dagegen solche an ihre Stelle treten, welche aus dem modernen Bewußtsein herauswachsen. Herrendörfer meint, bei seiner Gemeinde seien gerade die altchristlichen Feste die wichtigsten, und ihr Grundsatz sei, „jede Form, welche es auch sei, dadurch genießbar zu machen, daß man sie mit dem rechten Geist erfülle", worauf der alte Schrader sich erhob, und der Bundesversammlung das Wort des Nazareners in's Gedächtniß rief: „Man füllet neuen Most nicht in alte Schläuche."

Das waren die Verhandlungen der Bundesversammlung über diesen Gegenstand. Wer ihnen ohne vorgefaßte Meinung folgte, der konnte in ihnen keine Verurtheilung der Mannheimer Gemeinde erblicken, sondern weit eher das Gegentheil! Denn worauf das Hauptgewicht gelegt wurde, gerade von denen, welche für Nachsicht und Schonung sprachen, das war die **Voraussetzung, daß es sich um ein wirkliches, religiöses Bedürfniß handle!** Wie es mit diesem bei der Minderheit der Mannheimer Gemeinde stund, hat das Vorhergehende zur Genüge nachgewiesen. Wenn darum ein anonymer Brief, wie oben erwähnt, mir später den Vorwurf macht, ich hätte den wahren Sinn dieser Verhandlungen entstellt, wenn ich in Folge derselben in meiner Gemeinde nicht auf Zurücknahme des Beschlusses über das Abendmahl hinarbeitete, so ist das ein Beweis von einseitig parteiischer Auffassung jener Verhandlungen.

Wie sehr es aber mein persönliches Streben war, auf Grund obiger Verhandlungen — obgleich sie zur Nachsicht und Schonung nur unter Voraussetzung eines *wirklichen Bedürfnisses* aufgefordert — den Versuch friedlicher Verständigung in unserer Gemeinde zu machen, das beweist die weitere Thatsache, daß ich nach meiner Rückkehr aus Gotha dem Vorstand erklärte, ich halte es für meine Pflicht, diesen Versuch sofort in der Gemeindeversammlung zu machen, welche zunächst zur Entgegennahme meines Berichtes über die Bundesversammlung anberaumt werden sollte. Auf mein besonderes Verlangen wurden darum zu dieser Versammlung namentlich auch die bis jetzt bekannten Mitglieder der Minderheit eingeladen, weil es mir darum zu thun war, daß gerade diese auch anwesend seien, und ohne eine solche persönliche Einladung Mancher die Versammlung nicht besucht hätte.

Diese fand statt am 25. Juni. Ich erklärte vor der versammelten Gemeinde, daß es sich nicht blos darum handle, den Bericht zu erstatten und anzuhören, sondern daß wir diese Versammlung benutzen wollen, uns über die streitige Frage noch einmal offen auszusprechen, um eine Verständigung herbeizuführen. Ich erklärte, daß ich von der Bundesversammlung den Entschluß mit mir genommen hätte, **Alles, was in meinen Kräften stehe, zu thun, um meinerseits jenes Ziel erreichen zu helfen.**

Als ich nach Beendigung meines Berichtes nochmals aufgefordert hatte, daß Alle, welche zu diesem Zweck etwas zu sagen wünschten, es jetzt thun möchten, übergab ein Mitglied*), welches zur Minderheit zählte, ein Schreiben an den Vorstand, mit dem Bemerken, daß dieses die Wünsche der Minderheit enthalte. Das Schreiben wurde sofort von einem Vorstandsmitgliede verlesen, und ich theile es hier seinem ganzen Wortlaute nach, und mit Beibehaltung seiner Schreibweise mit:

---

*) Es ist dasselbe, von welchem ich oben die eine unwürdige Aeußerung über das Abendmahl mitgetheilt!

„Geehrter Vorstant der frei Religiösen Gemeinde Mannheims

Wier erlauben uns da wier gerahte nicht in der Lage sind unsere Sache Wörtlich darzulegen uns Schriftlich an Sie zu wenden, und bitten Sie daher es in Gegenwährtiger Versammlung Vorzulesen.

Als in der Gemeinde Versammlung die an hiesigem Logal abgehalten wurde, in welcher als Gegenstand die Revision unserer Statutten behandelt wurde, waren wier mit allen Paragraven mit ausnahmen desienigen das Abentmahl betreffent Einverstanden

Wier zählten damahls nur zwölf Mitglieder die sich für beibehaltung des Abendmahls aussprachen.

Die Sache hat Sich aber bis jetzt geändert,

Den wier zählen bereits laut Unterschrift fast ¼ theil der Gemeinde.

Klauben Sie aber ja nicht das unsere Absicht dahin ging den Frieden zu stöhren im gegentheil, wenn mann unseren gerechten Ansprüchen Rechnung tragen wird, so sind wier gerahte wieder dieselben mit Gut und Blut Aufopfernde Gemeinde Glieder wie zuvor.

1tens Verlangen wier von Geehrtem Vorstand weiter gaar nichts als das das Abendmahl oder wie Sie es nennen mögen, wenigstens ein mahl pr Jahr und zwar an demselben Tage wo unsere Kinder Conviermiert werden in der bißher bestandenen Weiße Verabreicht wird.

Wer sich dann von Aelteren Gemeinde Glieder daran betheiligen oder nicht, dem bleibt es ja selbst überlassen.

2tens sehen wier gaar Keinen Grund warum daselbe Abgeschaft wurde.

3tens In Erwägung das ein großer theil unserer Sache angehörigen Gelerter Männer Ihren unwillen barsiber aussprachen

und 4tens da wier nicht einsehen Können warum wier in der Mannheimer Gemeinde ohne Sinote Beschluß geraht die ersten sein sollen, einen solchen Beschluß zu Fassen.

5tens sehen wier in der seitherigen Verabreichung unseres Abendmahls oder Erinnerungsmahls an Jesus Keine Kirchlich Cermonelle Dumheit, sondern eine Gefühl Erregende Geistig Aufgefaste an unsern Großen Vorkämpfer immer bewährte Erinerung.

die wier unseren Kinder im Familien Greiße noch derart beibringen Können das mann Ihnen nicht den Geringsten Vorwurf machen Kann eine Aberklaübige Cermonie begangen zu haben,

und 6tens Da wier gerathe in einer Zeit Leben in der man die Absicht hegt, jeden Patrioten in Andenkender Erinerung zu feüern.

Wier legen deshalb Geehrtem Vorstand die Sache nochmahls aus Herz Das Abendmahl wie bißher beizubehalten um der Zwistigkeit von der man in ganz Mannheim sowohl als Auswarts Spricht für ein und alle mahl ein Ende zu machen.

Geehrter Vorstant selbst wird in letzter Zeit Eingesehen haben, das solange die Sache nicht allerwärts und zu gleicher Zeit durch einen Bundesbeschluß eingeführt wird es eine Unmöchlichkeit ist, in solcher weiße zu Verharren.

Schlüßlich bemerken wier das wen von der Sache Umgang genommen wird, wier unsern alten Standpunkt wieder einnehmen müssen.

und deren Folge nun der Hartnetigkeit einer ungerechten Sache Ihrerseits zuzuschreiben sind

Einer für alle und alle für Einen."

Damit schien die Verhandlung eröffnet, und ein anderes Vorstandsmitglied ergriff das Wort. Seine Absicht war — wie seine Worte bewiesen —, darauf aufmerksam zu machen daß die verlangte Zurücknahme des streitigen Beschlusses nicht Sache des Vorstandes sei, sondern daß dieses durch die Gemeinde geschehen müsse. Er sagte, Diejenigen welche glaubten, der Vorstand könne das von sich aus thun, sie seien im Irrthum. Kaum aber, daß er das Wort „Irrthum" ausgesprochen und noch ehe er seinen ersten Satz beendet, erhob sich jenes Mitglied, welches das Schreiben übergeben hatte, und zugleich mit ihm alle anderen Mitglieder der Minderheit und verließen den Saal. Es war, wie wir nachher erfuhren, vorher schon unter ihnen so ausgemacht gewesen.

Ich frug sie, ob das ein Benehmen von Männern sei, ich bat sie bringend, zu bleiben, und den Redner doch wenigstens zu Ende zu hören, aber es war umsonst. Als keine Bitte half, rief ich ihnen nach, „daß sie mit einem solchen Benehmen ihrer eigenen Sache den Todesstoß geben". Einer der Fortgehenden rief an der Thüre noch: „Macht, was ihr wollt!"

Allein von der Minderheit zurückgeblieben war nur Einer, und das war Herr Rath Hack. Er blieb noch einige Zeit, aber er sprach kein Wort. Darauf entfernte sich auch er, und somit war der aufrichtig gemeinte Versuch an dem Benehmen der Minderheit gescheitert!

Was sollte nun werden? Die Mehrheit war einmüthig entschlossen, der Sache ihren Lauf zu lassen. Und sie that es. Die Minderheit ging in ihrer einmal begonnenen Absonderung von der Gemeinde weiter, und es war nicht schwer vorauszusehen, daß, wenn zumal die früher schon erwähnten Persönlichkeiten ihren leitenden Einfluß geltend machen, eine vollständige Lostrennung das Ende sein mußte.

Ehe es zu diesem kam, wurden allerdings noch mehrere schriftliche Erklärungen gewechselt. Darunter nimmt einen bevorzugten Platz folgendes Schreiben ein, das zunächst an mich persönlich gerichtet war, und das ich ebenfalls wörtlich hier wiedergebe:

„Mannheim den 30. Juni 1862.

Geehrter Herr Scholl

Wier Können nicht unterlassen einige Zeilen an Sie zu richten.

Der Auftritt vom 25. in der Gemeinde Versammlung thut uns sehr leid. Allein es war vorauszusehen, Denn wier klaubten, da mann uns von allen Seiten Versöhnung zusprag das uns die Aeuberung vorgehen werde, in betreff des Abendmahles,

Wier haben uns aber getäuscht,

Mann hat uns Erzählt wie Sich die Verschiedenen Abgeornete über dieß und jenes selbst das Abendmahl mit Inbegriffen ihre Ansichten austauschten und zu gleicher Zeit an Gleichnißen und kleinen Verweißen die Sich auf uns bezogen nicht fehlen ließen. So das mann klaubte ihr könnt jetzt zufrieden sein, und in euch gehen.

Da Irren Sich aber die Gelehrten Herren von Gohta sowohl als die von Mannheim.

Aus Resonieren sind wier schon seit 2 Monaten gewöhnt denn wier hörten Exrotic und Floos*). Wier hörten aber auch Hironimie und andere und wird noch eine große anzahl anfangen die unserer Ansicht sind, und sie Vertheitigen.

Wier haben eine Rohheit begangen wenn Sie es so nennen dadurch das wier Aufstanden und den Sahl verließen nehmen Sie uns dieß nicht übel denn wier haben schon ehe wier hingingen das so ausgemacht das wier uns in keine Diskusion einlassen und so bald dieselbe Herr Adam eröffnete mit seinem belehrenten Beispiel wier hätten die Sache nicht recht aufgefaßt,

Da sahen wier wieder die Lazarus Binde — die krüke die der Lahme braucht und alle die beschrenktheiten die noch in unseren Köpfen sein sollen, und verließen darauf unsere Pläße.

Da wier ja unser Verlangen Schriftlich einreichten und nichts zu sprechen hatten.

Unsere Versöhnung ist in unserm durch Herr Gerlach Dagereichtes Schreiben ausgesprochen.

Und werden an demselben fest halten damit Sie sehen das Sich die Beschrenkte Minorität Consequent bleibt.

Wier wollen durchaus niemanden zu nahe tretten, wollen aber sehen auf welcher Seite im verlauf der Zeit, die Beschrenktheit sich befindet,

Auf deren die zu allem ohne zu überlegen ja sagt, oder auf der andern die Brüfet und das was Ihr gut Dünkt fürs beste hält, Denn wäre man nicht zu schnell gewesen so hätte mann den Gegenstand in der Gemeinde Versammlung zur sprage gebracht, und dann in einer weiteren Versamlung erst die Sache zur Abstimmung gebracht,

Das hat man Sich aber nicht getraut weil mann schon sah, das es nicht im Sinne des Vorstantes ausfallen würde.

---

*) Auch Floß von Frankfurt machte es in einem Vortrag, den er statt meiner hier gehalten, der Minderheit nicht recht.

Wier verhelen gaar nicht das wier seiner Zeit an Geehrten Vorstandt ein
Schreiben ergehen lassen worin wier biesen Pnukt beantragen werden. und soltes uns
nicht gestattet werden, so werden wier Schritte thuen an Ghr. Statsministerium.
  Den wier sind nicht Leňte die heute aus der alten Kirche austretten,
und Morgen wenn in der Neüen solche Fälle vorgeben wieder in die alte eintretten
  Wier sind **Frei Religios** und wollens bleiben Deshalb muß der betreffende
Vorstant seine Gränze kennen.
  Schlüßlich mache Sie darauf Aufmerksam das jenes Schreiben vom 25. Ich der
Verfasser bin, wenn ongefähr etwas dagegen einzuwenden währe, auch binn Ich im
besiz einer Abschrift, Die wier gedenken, seiner Zeit der Oeffentlichkeit vorzulegen.
  Damit bei einem förmmlichen Bruch woran wier zwar nicht Denken? wier
Zeichen können das wier nicht zuviel wolten.
  Denn jedenfals haben wier Oeffentliche Meinung für uns mit welcher wier
Ihnen viele Schwierigkeiten bereiten könten.
  Haben Sie die Güte es Geehrtem Vorstand Mitzutheilen
               Achtungsvoll
                      E. Kinkel
                  Im Nahmen der nicht beigetrettenen.

  Ich würde mein Schreiben an Geehrten Vorstand Ergehen lassen,
allein da Sie es waren Herr Scholl welcher uns nagrief:
  „„gerahte das Wechlaufen sei unser Totesstos"" — — wobei wier zwar nichts
befürchten deshalb gelangt es an Ihnen."

Dieses Schreiben war an mich adressirt, wurde jedoch vom Vorstand
eröffnet, weil ich in jener Zeit auf einige Wochen zu meiner Erholung
verreist war, und den Vorstand dazu bevollmächtigt hatte. Es wurde mir
darum auch vom Vorstand nicht zugeschickt, weil er mir neue Aufregung
während der Zeit meiner Erholung ersparen wollte und weil in der That
auf ein solches Schreiben Stillschweigen die beste Antwort war. Ich erfuhr
daher blos, daß ein solches an mich eingelaufen, daß man aber im wohl=
verstandenen Interesse der Gemeinde vorziehe, nichts zu erwiedern.

  Am 4. August wurde dem Vorstand ein neues Schreiben eingereicht
und zwar von Herrn Rath Hack. Es enthielt einen sogenannten „Ver=
söhnungsversuch", welcher darin bestand, daß die Minderheit **gleiches
Anrecht auf das Eigenthum und den Gebrauch der Gemeindehalle** ver=
langte und sich selber als die **wiederhergestellte ursprüngliche Gemeinde**
betrachtete, die sich im Gegensatz zur Stammgemeinde den bereits auf=
gegebenen Namen „deutsch=katholisch" wieder beilegte.

  Selbstverständlich konnte hierin nichts weniger als ein wirkliches Mittel
zur Versöhnung erblickt werden, wenn man nicht ein muthwilliges Spiel
mit allen gesunden Begriffen treiben wollte. Die freireligiöse Gemeinde
gab darum diesen sogenannten „Versöhnungsversuch" zurück und erklärte
dem Einsender, Herrn Rath Hack, unter Anderm Folgendes: „Wir waren
sehr überrascht zu vernehmen, daß Sie für die **Wiederherstellung der
früheren Gemeinde** thätig sind, da diese Gemeinde bis heute noch
nicht aufgehört hat, zu bestehen, und nur durch **einstimmigen** Gemeinde=
beschluß ihren Namen **deutsch=katholisch in freireligiös** umge=
ändert hat. Wohl können Sie die momentane Unzufriedenheit der Minder=
zahl benützen, um diese zu veranlassen, aus unserer Gemeinde zu scheiden,
und sich zu einer neuen zu verbinden, auch kann sich solche dann einen Namen
geben, welchen sie will, nie aber haben Sie ein Recht auf den von Ihnen
gewählten, so lange die eigentliche Gemeinde sich nicht thatsächlich auf=
gelöst hat.

  Sie betrachten Ihren Entwurf als einen Vermittlungsvorschlag,
als einen Schritt zur Versöhnung mit der Minderheit. Wir sind

anderer Ansicht, wir halten Ihren Entwurf für das Werk unglückseliger Zersplitterung, für einen unheilbaren Riß in der Gemeinde, der ihr noch mehr schadet — nachdem sich unser religiöses Leben jetzt frei entfalten kann —, als dreizehnjähriger Druck der Reaktion. Wir bedauern von Herzen, daß Sie als Rechtsgelehrter der unzufriedenen Minderheit nicht den besseren Weg gezeigt haben, nämlich den des Rechts, indem Sie an eine weitere Gemeindeversammlung appellirt hätten, um dort die Sache wiederholt durchzuberathen, statt durch Wühlerei und Zeitungsartikel der Würde unserer Sache zu schaden. Dann wäre Austritt immer noch als letztes Mittel übrig geblieben. Wir können um so weniger Ihren Entwurf berücksichtigen, als wir ja gar nicht unterrichtet sind, wer und ob Jemand Sie dazu beauftragt, und uns überhaupt nicht bekannt ist, daß sich schon eine zweite Gemeinde gegründet habe. — Schließlich fühlen wir uns verpflichtet, Sie nochmals aufzufordern: verlassen Sie diesen Weg der Zersplitterung und der Anfeindung, und wirken Sie bei ihren Freunden zur Einigkeit und zur wahren Versöhnung; wir aber werden gewiß jeder gerechten Forderung entgegen kommen."

Diese Antwort ist am 12. August abgegangen, noch ehe von der definitiven Gründung einer sogenannten „deutsch-katholischen" Gemeinde irgend etwas bekannt war.

Diese Gründung oder „Wiederherstellung" war aber ohne unser Wissen am Tage vorher, also am 11. August, wirklich zur Thatsache geworden und wurde unter dem Datum des 12. August in folgender Weise uns angezeigt:

„Verehrlichem Vorstand machen wir die Mittheilung, daß die frühere deutschkatholische Gemeinde wieder hergestellt ist. Wir sehen damit den Streit als erledigt an, hoffen auf Vereinigung, und zeichnen in Liebe.
Mannheim, den 12. August 1862.
Der Ausschuß: C. Winkel. Konrad Zenglein. Ludwig Söllner.
Fried. Brück."

Geschrieben war diese Anzeige von Herrn Rath Hack, aber nicht mit unterschrieben. Dagegen kam von Herrn Rath Hack als Antwort auf die unserer Gemeinde unter demselben Datum ein zweiter Brief an den Vorstand, den ich ebenfalls wörtlich wiedergebe. Dieser Brief lautet mit genauer Beibehaltung der Schreibart:

„Verehrlichem Vorstand zu erwiedern, daß ich meinen Auftrag abgegeben habe, der neuen Gemeinde angehöre, die ihren Recht mit Recht führt, nachdem sie solchen in Ihrer Verfassung aufgegeben haben. Uebrigens hoffe ich nicht, daß sie feindlicher sind, als früher die Protestanten, die uns so freundlich ihr Lokal überlassen haben.
Mannheim, den 12. August 1862.
Grüßend
Hack."

Die Lostrennung war somit definitiv vollzogen, obschon nach glaubwürdigen Berichten die Anzahl derer, welche am 11. August zur sogenannten „Wiederherstellung" der „deutsch-katholischen" Gemeinde zusammentraten, nur sieben war. Es muß nun aber noch eine weitere Thatsache hier hervorgehoben werden, in Beziehung auf diese „Wiederherstellung" der deutsch-katholischen Gemeinde. Wiederherstellen heißt: herstellen in der ursprünglichen Weise, also die Gemeinde mit ihrer ursprünglichen, unveränderten Verfassung. Davon ist aber am 11. August gerade das Gegentheil geschehen, denn an diesem Tage hat die Minderheit mit eigener Hand die ursprüngliche Verfassung selbst geändert!

Sie hat gethan, was sie vom Standpunkt des Herrn Rath Hack aus thun mußte! Sie hat, aus Furcht vor der Freiheit, aus Angst vor der Fortentwicklung und ihren nothwendigen Kämpfen, das Prinzip der freien Fortentwicklung dadurch vernichtet, daß sie einen besonderen Zusatz in die Verfassung aufnahm, nach welchem zu Beschlüssen über „Glaubenssachen" Einstimmigkeit erforderlich ist, à la Bundestag, und nach welchem der Prediger in Glaubenssachen gar keine Stimme hat!! Trotzdem that man sich auf die „Wiederherstellung" etwas zu Gut und scheute sich nicht, in der Anzeige, welche die öffentlichen hiesigen Blätter sofort brachten, die Welt glauben zu machen, die alte Gemeinde sei, wie es darin hieß: „in Wort und Wesen" wieder hergestellt. Es war in dieser Anzeige weiter noch bemerkt, daß die „Einzeichnungsliste" bei Herrn Ludwig Söllner aufliege. Das „Sonntagsblatt Nr. 36" aber brachte die Nachricht, indem dort als Grund dieser Lostrennung der angegeben war, „weil die freireligiöse Gemeinde aus ihrer neuen Verfassung den Deutschkatholicismus, diese welthistorische Erscheinung, mit seinen tief eingreifenden Prinzipien bis auf den Namen und das Wesen des Christenthums völlig entfernt habe", — ein Grund, welcher selbst die Redaktion dieses Blattes zu der Erklärung nöthigte, „was am Deutsch-Katholicismus welthistorisch wichtig ist, das beruht nicht in seinem Namen, eben so wenig wie in der Abendmahlsfeier!" Jedenfalls ist es Thatsache, daß die Anführung dieses Grundes etwas ganz Neues war, denn in allen bisherigen Verhandlungen inmitten der Gemeinde war die Minderheit niemals so weit gegangen, den Vorwurf zu erheben, daß die Mehrheit durch die Verfassungsänderung den Deutsch-Katholicismus „entfernt" habe und von mehr oder weniger „christlich" war nicht ein einziges Mal die Rede gewesen. Aber die Anführung dieses Grundes beweist eben deswegen, daß die Minderheit selbst fühlte, der Schritt ihrer völligen Trennung von der Stammgemeinde lasse sich in ihren eigenen Augen und vor der Welt nicht ganz rechtfertigen, wenn der Streit wegen des Abendmahls als einziger Grund angeführt würde! Wohin im Verlauf dieses Suchen nach weiteren Gründen, nachdem der verhängnißvolle Schritt einmal geschehen war, noch geführt hat, wird die Folge zeigen.

Die so „wiederhergestellte deutsch-katholische" Gemeinde machte der Großh. Regierung Anzeige davon und frug zugleich an, ob der Wahl eines besonderen Predigers etwas im Weg stünde, worauf sie den Bescheid erhielt, daß dieses nicht der Fall sei.

Man kann sich denken, daß allen diesen Vorgängen gegenüber, zumal als die sogenannte Gründung oder Wiederherstellung der früheren deutschkatholischen Gemeinde und zuletzt sogar die Absicht, einen besonderen Prediger sich zu suchen, zur öffentlichen Kenntniß gelangt war, nicht Wenige von denen, welche diesen Dingen ferner stünden, sich in einer gänzlichen Verwirrung befanden und nicht recht wußten, was sie von diesen Dingen zu halten hatten. Um diese, d. h. die öffentliche Meinung, über das Vorgefallene aufzuklären, erließ daher der Vorstand der freireligiösen Gemeinde unterm 14. September 1862 eine zweite Erklärung in den Blättern*). Sie wurde an die Vorstände der meisten freireligiösen Gemeinden und einzelne besonders betheiligte Personen abgesandt und enthielt in Kürze, was im Vorstehenden ausführlicher berichtet ist, daher sie, eben so wie die

---

*) Die erste war die vom 5. Mai, gleich nach der Verfassungsänderung.

dadurch hervorgerufenen Darstellungen von Seiten der Minderheit, hier nur vorübergehend erwähnt wird. Die Schlußstelle jener Erklärung lautet also:

„Was wir hier der Oeffentlichkeit übergeben, sind Thatsachen. Auf weitere einzugehen, zumal auf die besonders von Hrn. Hack mit uns gepflogene Korrespondenz und eine ganze Reihe von Zeitungsartikeln, darauf verzichten wir, so lange nicht die äußerste Nothwehr auch zu ihrer Besprechung und Veröffentlichung uns zwingt. Mögen unsere Mitbürger und unsere entfernten Gesinnungsgenossen ein gerechtes Urtheil fällen! Wir gehen unbeirrt unsern Weg weiter, ruhig im Bewußtsein, die Hand zur Versöhnung geboten zu haben, und gehoben von der festen Zuversicht, daß die gemeinsame Sache, zu deren Dienst wir uns vereint, zu groß ist, und — was auch die Gegner sagen mögen, zu starke Wurzeln in den Gemüthern allerorten schon geschlagen hat, als daß selbst die tiefgehendsten Meinungsverschiedenheiten ihre Fortentwicklung irgendwie für die Dauer gefährden könnten. Das Evangelium des Nazareners hat seiner Zeit gesiegt, trotz der Spaltung in „„paulinische"" und „„petrinische"" Gemeinden, und die Reformation des 16. Jahrhunderts ist an dem Zwiespalt „„lutherischer"" und „„calvinischer"" Grundsätze nicht zu Grunde gegangen! Auch die hiesigen Vorgänge werden schließlich nur dazu dienen, das geistige Leben in= und außerhalb unserer Gemeinde zu fördern und, im Gegensatz zu allem Kirchenthum, dem Grundgedanken unserer Reformbestrebungen, d. i. der confessionsfreien Religion der Humanität, immer allgemeinere Geltung und Anerkennung zu verschaffen.

Mannheim, 14. Sept. 1862. Der Gesammtvorstand der freirelig. Gemeinde."

Das Nächste, um was es sich nun zur Zeit nach diesen Erklärungen und Gegenerklärungen auf Seiten der Minderheit handelte, war, wie schon angedeutet, die Wahl eines Predigers und die Entscheidung der früher angeregten Frage, in welchem Lokale die Versammlungen gehalten werden sollen?

In jenem früheren, sogenannten „Versöhnungsversuch", der am 4. August von Herrn Rath Hack übergeben worden war, hatte bekanntlich die Minderheit geradezu erklärt, daß sie — obgleich im Begriff, von der Stammgemeinde sich zu trennen und als selbstständige Gemeinde, mit anderem Namen und anderer Verfassung, sich zu gründen — sich doch nach wie vor als „Miteigenthümerin" der Gemeindehalle betrachte und deswegen dasselbe Recht auf Benützung derselben beanspruche, wie die Stammgemeinde.

Vorher schon hatte der andere Wortführer der Minderheit, Herr Ludwig Söllner, in einem hiesigen Blatte erklärt, daß eben diese Minderheit die „einzige rechtmäßige" Gemeinde, die andere, d. h. die Stammgemeinde, ein „Sonderbund" sei. Die Lostrennung selbst, die am 11. August vollzogen wurde, geschah ausdrücklich mit der Erklärung, daß es nicht die Gründung einer neuen, kein Austritt aus der alten, sondern nur die Wiederherstellung derselben sei. Und unmittelbar nach der vollzogenen Lostrennung und sogenannten Wiederherstellung der deutsch-katholischen Gemeinde hatte Herr Hack im Sonntagsblatt ausdrücklich noch einmal hervorgehoben, daß die freireligiöse Gemeinde durch ihre Verfassungsänderung sich prinzipiell „von den Grundsätzen des Deutsch-Katholicismus losgesagt" und dadurch die Minderheit zur Wiederherstellung der ursprünglichen Gemeinde gezwungen habe.

Aus allem diesem hatte man mit Gewißheit voraussehen können, daß der anfängliche Streit wegen des Abendmahles sich zuletzt in einen Streit wegen des Eigenthums- oder wenigstens Miteigenthums-Rechts auf die Gemeindehalle verwandeln werde. Und so ist es in der That auch gekommen.

Am 1. Oktober gelangte von Seiten der „deutsch-katholischen" Minderheit ein Schreiben an die freireligiöse Gemeinde, in welchem der gleichmäßige Mitgebrauch der Gemeindehalle auf Grund gleichen Eigenthumsrechtes verlangt und dabei ausdrücklich erklärt wurde, daß im Weigerungsfalle der Weg des Prozesses werde eingeschlagen werden.

Darauf wurde am 3. Oktober folgende Antwort ertheilt:

„Verehrlicher Ausschuß!

Zu Erwiederung Ihrer Zuschrift vom 1. Oktober erklären wir unsere vollkommene Bereitwilligkeit, uns mit Ihnen über die Benützung unserer Gemeindehalle zu Ihrer Sonntagsfeier zu verständigen.

Wir sind aber unserer Gemeinde gegenüber verpflichtet, uns von vorn herein dagegen zu verwahren, daß Sie glauben, ein Recht beanspruchen zu können, wo es sich nur um ein gütliches Uebereinkommen handeln kann.

Sie kennen die alte und die neue Verfassung unserer Gemeinde. In beiden ist ausdrücklich bestimmt, daß die Entscheidung über Glaubens= und Verfassungssachen der Gemeinde zusteht. In beiden ist bestimmt, daß diese Entscheidung durch Abstimmung geschieht.

Sie haben sich aber diesen Bestimmungen nicht nur nicht gefügt, obgleich in dem betreffenden Falle Ihre Gewissensfreiheit Ihnen und den mit Ihnen Uebereinstimmenden vollständig gewahrt blieb. Sie sind sogar soweit gegangen und haben eine besondere Gemeinde mit besonderem Namen gebildet und haben die Bildung dieser besonderen Gemeinde der Großherzogl. Regierung angezeigt und berufen für sich einen besonderen Prediger.

Hiedurch haben Sie sich thatsächlich von unserer Gemeinde losgesagt und sich des Rechtes auf jedes Miteigenthum begeben.

Dieses vorausgeschickt, wiederholen wir Ihnen, daß wir, von dieser Rechtsfrage ganz absehend, um unserer gemeinsamen Sache willen, gerne bereit sind, uns mit Ihnen über die zeitweise Benützung unseres Locales zu verständigen.

Wir ersuchen Sie, zu diesem Zwecke uns mitzutheilen:
1) Wie oft und zu welcher Stund: Sie das Local zu benützen wünschen?
2) Welche Mitglieder unserer freireligiösen Gemeinde sich Ihnen angeschlossen, damit wir diese in unserer Liste streichen und den Ausfall in unserer Einnahme darnach bemessen können.
3) Uns darüber Ihre Zusicherung zu geben, daß Sie an der jetzigen Einrichtung unseres Locales keine Aenderung vorzunehmen gedenken.

Nach Beantwortung dieser Fragen sind wir bereit, Ihnen die Bedingungen mitzutheilen, unter welchen wir Ihnen die zeitweise Mitbenützung unseres Locales gerne zugestehen werden.

Wir können aber diese unsere Zuschrift nicht schließen, ohne Ihnen noch einmal die Frage an's Herz zu legen, ob der Weg, den Sie durch Gründung einer besonderen Gemeinde eingeschlagen, der rechte ist, und ob Sie ihn unserer gemeinsamen Sache gegenüber rechtfertigen können?

Nach Ihren eigenen Abstimmungen und Ihren wiederholten Erklärungen sind Sie mit uns in Allem einverstanden, selbst mit der neuen Verfassung, bis auf einen einzigen Punkt, das Abendmahl.

Ist es nun gar recht, ist es zu verantworten, sich um dieser einen Form willen von der Gemeinschaft Derer loszusagen, mit denen Sie in allem Uebrigen durch gleiche Grundsätze verbunden sind. Handeln Sie nicht, wenn Sie auf dieser Lossagung bestehen, schnurstracks gegen die Idee, welche allein der Form des Abendmahles ihren Werth giebt?

Und dann, haben Sie nicht nach unserer Verfassung das volle, ungeschmälerte Recht, dieses Abendmahl in unserer Halle mit allen Gleichgesinnten zu begehen? Muß Ihnen das nicht vollständig genügen? Ja! ist es für die Feier des Abendmahles nicht vielmehr schöner und würdevoller, wenn sie in einem Kreise ganz Gleichgesinnter vor sich geht, als wenn während desselben der größere Theil der Anwesenden mit mehr oder weniger Geräusch sich entfernt, was dann für die Fall ist, wenn diese Feier in der Versammlung der ganzen Gemeinde vorgenommen wird.

Und schließlich, fühlen Sie denn nicht, daß Sie nach allen Begriffen von Recht und Billigkeit doch unmöglich der Mehrheit zumuthen können, eine Ceremonie für eine Gemeindesache zu erklären, welche nur für den kleineren Theil derselben ein wahrhaft religiöses Bedürfniß ist?

Muthen Sie damit der Mehrheit nicht eine offenbare Heuchelei zu?

Wir bitten Sie darum in allem Ernste, fragen Sie sich, ehe Sie auf dem betretenen Wege weiter gehen und ergreifen Sie die Hand der Versöhnung, die wir mit diesem ernsten Worte noch einmal Ihnen darbieten.

Mit brüderlichem Gruße
Der Vorstand.
In Abwesenheit des Vorsitzenden
dessen Stellvertreter.
gez. L. Schubnell.
Aug. Holzmüller,
Schriftführer."

Zwei Tage darauf, am 5. Oktober, erschien darauf wörtlich folgende Erwiederung:

„Verehrlicher Vorstand!

Nach langem Zuwarten erhielten wir endlich Ihre verehrliche Antwort, die von vornen Bereitwilligung hinten bedingte Weigerung enthält. Wir sehen zur Zeit eben auf die Eigenthumsfrage, weisen aber darauf hin, daß wir grundbuchsmäßig Eigenthümer sind.

Ihre Fragen beantworten wir dahin:

Zu 1. Gedachten wir das Lokal alle Vierzehn Tage Sonntags frühe 10 Uhr zu benützen.

Zu 2. Können wir uns zur Wahrung der Gewissensfreiheit eines jeden Mitglieds nicht dazu entschließen, dessen Namen der Oeffentlichkeit zu übergeben, beschränken uns daher darauf, daß es wenigstens 70 sind, also weitmehr als 47. —

Zu 3. Versteht es sich von selbst, daß wir ohne dies gegen Sie keine Veränderungen in dem bis jetzt innehabenden Lokale vornehmen.

Verzichte werden nicht vermuthet, wir widersprechen daher, daß wir uns jedes Miteigenthums begeben haben. Andern Sinnes, wie Hr. Scholl, ohneachtet er seine Stelle auf die Grundsätze des Deutsch-katholicismus übernommen, können wir denselben als Prediger nicht zuziehen, müssen daher andere Prediger einrufen. Im Uebrigen wissen wir, was wir gethan, es wird ja von eben diesem und im Tempel gepredigt; wir wissen, daß die Verfassung statt revidirt aufgehoben ist, wir wissen, daß die Leipziger Concilbeschlüsse mit Glaubensbekenntniß beseitigt ist, wir wissen, daß Sie nach der Verfassung uns nicht mehr als Deutsch-katholiken belassen, sondern uns zu Mitgliedern einer **freireligiösen Gemeinde** gegen unsern Willen (Allerlei Gewissensfreiheit) umgemodelt und hiebei sollen wir uns einer Mehrheit fügen, ein Zwang, den sich eine freie Gemeinde nie vermessen darf. Das Abendmahl ist uns keine bedürftige Form, sondern wir blicken auf seine Wirkung und diese können wir nicht aufgeben, Sie alle nicht entbehren. Wir hoffen auf eine Vereinigung, wenn sich die getrennten Gemüther wieder eine Zeitlang genähert haben und glauben, daß auch Sie dieß einsehen und deßhalb unbedingt auch uns die Lokalbenutzung zugestehen werden; im Uebrigen ist in der Verfassung der engere Kreis und nicht die Halle genannt, und diese Verweisung ist ein Verstoß gegen den Grundsatz der Gleichberechtigung.

Wir bitten um baldgefällige Antwort.

Mannheim den 5. Oktober 1862.

Hochachtungsvoll.

Hac.

Der gewählte Ausschuß
A. Kinkel
Ludwig Söllner
Konrad Zenglein
Fried. Brück."

Hieraus ist — die Schreibfehler und unverständlichen Stellen abgerechnet — zunächst so viel zu entnehmen, daß die Minderheit es nicht der Mühe werth fand, die beigetretenen Mitglieder zu nennen, angeblich, weil dieses die Gewissensfreiheit verletze, daß sie in der Hauptsache aber ihren Rechtsanspruch auf „Miteigenthum" aufrecht hielt. Näher betrachtet, ist aber diese Kundgebung der schlagendste Beweis, wie der Geist **baarster Rechtsverdrehung**, der vor keiner, auch der bodenlosesten Behauptung, und selbst vor Widersprüchen mit sich selbst nicht zurückschreckt, sich Dank dem Einfluß ihres Rechtsgelehrten, des Herrn Rath Hack, der Minderheit allmählig bemächtigt hatte.

Von mir wird gesagt, ich hätte meine Stelle „auf die Grundsätze des Deutsch-Katholizismus übernommen", die Minderheit aber sei „anderen Sinnes als ich", weil ich jene Grundsätze verleugne, und deswegen müßte sie einen andern Prediger „zuziehen" oder vielmehr „einrufen", als handle es sich fast um Einrufung eines Rekruten! Dazu gehört denn doch eine starke Portion Anmaßung, wenn gegenüber den 100 und mehr Gemeinden, unter welchen die hiesige Minderheit eine ganz verschwindende Größe ist, sich diese allein herausnimmt, mir den Vorwurf in's Gesicht zu schleudern, „ich verleugne die Grundsätze des Deutsch-Katholizismus"! Noch mehr aber tritt das Eigenthümliche dieses Vorwurfs hervor, wenn ich sage, daß, so lange ich wieder meine Stelle als Prediger hier bekleidet habe, während zwei Jahren also, auch nicht ein einzigesmal von irgend einer Seite her in der Gemeinde dieser Vorwurf mir gemacht worden ist, ja, wenn ich weiter sage, daß noch bis in die letzten Tage hinein mehrere aus der Minderheit geradezu erklärt haben, „gegen mich" hätten sie gar nichts, ich sei ihnen ganz recht, wenn's nur mit dem Abendmahl beim Alten bliebe!" Und nicht nur Einzelne, der ganze Ausschuß der Minderheit, also im Namen dieser, hat noch vor kurzer Zeit in einer im September erschienenen Erklärung im hiesigen „Anzeiger" offen bekannt, „daß sie gar keinen anderen Grund der Unzufriedenheit hätten, als einzig und allein das Abendmahl". Was soll man zu einem solchen Widerspruch, zu einer solchen Charakterlosigkeit sagen?

Von der Verfassung wird gesagt, sie sei nicht revidirt, sondern „aufgehoben", die „Leipziger Beschlüsse" seien beseitigt, und die Mitglieder seien nicht mehr als „Deutsch-Katholiken" belassen, sondern „gegen ihren Willen zu Mitgliedern einer freireligiösen Gemeinde umgewandelt!" Und doch haben dieselben, die hier diesen Vorwurf erheben, in der oben genannten Erklärung vom September durch ihren eigenen Ausschuß wörtlich erklärt: „Was den Namen „Freireligiöse" oder Revision der Statuten anbelangt, waren die Wenigen, die die Minderzahl bilden, vollständig mit einverstanden, mit Ausnahme des Paragraphen vom Abendmahl." Kann man sich eine größere Charakterlosigkeit, ein unmännlicheres und unwürdigeres Verdrehen, Streiten und Spielen mit Worten denken?

Und dann die Bemerkung über das Abendmahl selber! Es sei für die Minderheit keine „Bedürfniß-Form", sondern sie blicken „auf seine Wirkung" und diese können sie „nicht aufgeben und wir Alle nicht entbehren", nachdem wir hundertmal erklärt, es sei uns kein Bedürfniß, aber es sei uns auch gegen die Ueberzeugung, es nur als Mittel zum Zweck aufrecht zu erhalten, und wir wollten lieber die Beiträge entbehren, die der Verzicht darauf uns etwa entziehen sollte! Und schließlich noch der Vorwurf, die Verfassung versage ihnen die Gemeindehalle, während wir wiederholt erklärt, wie die Verfassung zu verstehen und daß von einem solchen Versagen gar keine Rede sei!

Auf ein solches Schreiben, wer kann es der Stammgemeinde verargen, wenn sie auf jede weitere Beantwortung verzichtet hat? Wir mußten uns sagen, daß wir Gegnern gegenüber ständen, denen jedes Mittel recht, um ihr Ziel zu erreichen, und einen solchen Streit fortzuführen, hielten wir unter unserer Würde.

Die Folge war, daß die Minderheit den bereits angedrohten Schritt that und einen förmlichen Prozeß wegen Eigenthumsrechts gegen uns einleitete! Die Anklageschrift wurde von Herrn Rath Hack verfaßt und als Anwalt abgegeben. War obiges Schreiben schon ein Beweis, wohin die Verkehrung aller Begriffe, die Entstellung aller Thatsachen geführt hat, so ist diese Anklageschrift des Hrn. Hack, welche mit den obigen Vorwürfen noch einige neue verbindet, ein Musterstück eines durch und durch jesuitischen Machwerkes! Es soll der Nachwelt nicht vorenthalten bleiben, damit sie sehe, was auch im Schooße unserer Gemeinde möglich ist, und darum theile ich es hier seinem ganzen Wortlaut nach mit:

„Großherzogliches Amtsgericht!

Klage in Sachen der deutschkatholischen Gemeinde dahier

gegen

die freireligiöse Gemeinde von da, Miteigenthum betr.

Im Jahre 1845 gründete sich in hiesiger Stadt eine deutschkatholische Gemeinde, gestützt auf die sogenannten Leipziger Concilbeschlüsse, enthaltend die Grundsätze der deutschkatholischen Kirche. Auf diese Grundsätze hin erhielt dieser religiöse Verein durch Staatsministerialerlaß vom 20. April 1846 die Anerkennung der Großh. Staatsregierung, jedoch ohne ausdrückliche Genehmigung des Namens deutschkatholische Gemeinde und ohne Körperschaftsrechte. Beide wurden ihr durch höchsten Staatsministerialerlaß vom 19. Mai 1848 verliehen. Seit jener Zeit hob und stärkte sich die Gemeinde und erkaufte am 19. Februar 1859 vom Fabrikanten Hypolit Rousseau dahier einen Garten, welcher in Litera B 7 Nr. 1 gelegen, zu Eigenthum, welcher nach der Anlage ihr zu Eigenthum in dem hiesigen Grundbuche eingetragen ist. Auf diesem Eigenthum baute sich die Gemeinde ein Gebäude nebst einem unten befindlichen Keller, welches Gebäude als zweiten Stock einen Sokel enthält, welcher zur Abhaltung der religiösen Versammlung der Gemeinde diente. Schon im Monat Juni v. J. hatte diese Gemeinde ihren Namen „deutschkatholisch in freireligiös" umgewandelt, ohne jedoch in den Grundsätzen des Deutschkatholicismus namentlich an den Leipziger Concilbeschlüssen etwas zu ändern. Am 4. April l. J. hielt diese Gemeinde eine Versammlung, in welcher ihre Verfassung vom Jahre 1847 aufgehoben und eine neue Verfassung angenommen, diese von der frühern dadurch unterschieden, daß die Leipziger Concilbeschlüsse nicht mehr zur Grundlage aufgenommen werden, namentlich nicht mehr die heilige Schrift als Grundlage des christlichen Glaubens angenommen, nach welcher neuen Verfassung in § 29 die Taufe als bloße Begrüßung angesehen und das Abendmahl als Gemeinderitus abgeschafft wurde, während in § 1 ausgesprochen ward, daß sich die Gemeinde nicht mehr deutschkatholisch, sondern freireligiös nenne, die dem Bunde freireligiöser Gemeinden, wie er 1859 geschlossen wurde, angehöre. Mit dieser Aenderung war nicht nur das Wesentliche des Deutschkatholicismus in der Gemeinde geändert, sondern es hatte sich die Majorität der Versammlung von der deutschkatholischen Kirche selbst entfernt und die Minderheit zurückgelassen, die dem Deutschkatholicismus treu blieben, und sich veranlaßt sahen, sich enger aneinander anzuschließen, selbst einen Verein herzustellen, wie er vorher unter dem Namen deutschkatholische Gemeinde bestand, die natürlich das ihr verliehene Corporationsrecht behalten hat. Indessen liegt hier der eigenthümliche Fall vor, daß die freireligiöse Gemeinde ohnerachtet sie sich durch ihre Verfassung die anliegt, von der deutschkatholischen Kirche und Gemeinde trennte, vom Boden aus sich gegen § 19 der Verfassung in Besitz des gesammten Gemeindevermögens, namentlich des Gemeinde-Gebäudes setzte und noch darin ist, die deutsch-katholische Gemeinde aber von dem Mitgenusse ausschließt.

Der Grund und Boden, worauf das Gebäude B 7 Nr. 1 steht, ist unbestreitbar Eigenthum der Klägerin nach L.=R. S. 551, 552, auch das darauf errichtete Gebäude. Da jedoch die Mitglieder der freireligiösen Gemeinde dieses Gebäude mit errichten halfen, so ist man keineswegs so hart, solche von dem Miteigenthum und Mitgenuß auszuschließen, man will ihnen vielmehr Beides mit zugestehen, dagegen steht der Klägerin ein Miteigenthum und Mitgenuß an Gebäude, Grund und Boden zu, welches die Beklagte nicht zugesteht.

Es wird daher gebeten, zu erkennen:

Die Beklagte sei unter Verfällung in die Kosten schuldig, das Miteigenthum und den Mitgenuß an fraglichem Gebäude und dessen Grund und Boden anzuerkennen und einzuräumen.

Mannheim, den 18. Oktober 1862. Hack."

Näher auf diese Anklageschrift einzugehen, bedarf es nicht. Ihre Widerlegung ist in dem enthalten, was ich wahrheitsgemäß im Vorstehenden bereits mitgetheilt. — Hier muß nun aber noch ein weiterer Schritt der Minderheit eingeschaltet werden, der mit dieser Anklageschrift Hand in Hand geht und mich nöthigt, zum vollen Verständniß etwas weiter zurückzugehen.

Die Gemeinde hatte im Jahr 1859 ihre Gemeindehalle erbaut, und um das Geld, welches dieser Bau erforderte, aufzutreiben, hatte sie, unter dem Vorsitz des Herrn Rath Hack, mit besonderer Betheiligung des damaligen Predigers Herrn Dr. Hoorn von Kalkenstein, den Plan einer Aktienzeichnung ausgearbeitet, in Folge dessen Aktien zu 100 fl., 50 fl., 25 fl. und 10 fl. ausgegeben und dadurch eine Summe von ca. 3000 fl. erzielt wurde. Es war bestimmt, daß nur die Aktien von 100 fl. verzinslich sein sollen, die übrigen nicht. Auch der damalige Prediger Herr Dr. Hoorn hatte eine Anzahl Aktien genommen, und zwar fünf zu je 100 fl., jedoch mit der Erklärung, daß er (wie manche andere Aktienbesitzer auch) auf die Zinsen verzichte. Die Rückzahlung aller Aktien sollte nach 3 Jahren von der Ausgabe an durch's Loos erfolgen.

Diese Frist von 3 Jahren war mit Anfang des Jahres 1862 abgelaufen. Inzwischen hatte ein großer Theil der Aktieninhaber ihre Aktien der Gemeinde geschenkt, die übrigen, mit Berücksichtigung der Verhältnisse der Gemeinde, dachten nicht daran, ihr irgendwie jetzt schon Verlegenheiten zu bereiten. In der Zwischenzeit war aber auch die Veränderung eingetreten, daß seit dem Jahr 1860 Herr Dr. Hoorn seine Stelle als Prediger niederlegte und ich dieselbe übernommen habe, und dazu die weitere, daß Herr Dr. Hoorn sich ein Haus kaufte und bauliche Veränderungen daran vornehmen ließ.

Ob aus letzterem Grunde oder weil der Termin der Verloosung in der That eben gekommen war, verlangte Herr Dr. Hoorn, daß die Gemeinde ihren Verpflichtungen nachkomme, und zwar, daß sie mit der Verloosung beginne und in erster Reihe ihm die Zinsen zahle, welche sie bisher ihm vorenthalten habe. Auf die Bemerkung, daß er selbst auf die letzteren verzichtet — was namentlich Herr Rath Hack wiederholt vor dem versammelten Vorstande erklärt hatte — entgegnete er, daß er diesen Verzicht nur in der Voraussetzung oder unter der Bedingung geleistet, daß er in seiner Stellung als Prediger verbleibe. Der Vorstand beschloß daher, da es seine entschiedene Forderung war, diese Zinsen von drei Jahren her ihm auszuzahlen, bat ihn aber, die weitere Forderung, daß die Verloosung beginnen solle, mit Rücksicht auf die Verhältnisse der Gemeinde vorerst wenigstens zurückzunehmen. Herr Dr. Hoorn bestand jedoch auch auf dieser und da der Vorstand augenblicklich nicht darauf eingehen konnte, und zwar namentlich auch deswegen, weil beim Ausgeben dieser Aktien gar kein Verloosungsplan aufgestellt worden war, was jedenfalls Sache des damaligen Vorstandes, Herrn Dr. Hoorn inbegriffen, gewesen war —, so verlangte Herr Dr. Hoorn, daß ihm seine fünf Aktien, also 500 fl., mit Zinsen zurückbezahlt werden. Diese Ausbezahlung fiel der Gemeinde natürlich noch schwerer, und der Vorstand glaubte daher, es darauf ankommen lassen zu müssen, ob Herr Dr. Hoorn auf dieser Forderung bestehe. Er bestand darauf, klagte auf Rückzahlung und die Gemeinde verlor den Prozeß, besonders aus dem Grunde, weil „kein bestimmter Verloosungsplan vorlag, und keine Sicherheit für die Aktienzeichner."

Die Gemeinde war somit genöthigt, ihre äußersten Kräfte anzustrengen, um Herrn Dr. Hoorn zu befriedigen, und es gelang ihr auch, obschon damals manchmal die schadenfrohe Aeußerung gehört wurde: „Jetzt geht es ihnen an den Kragen! In kurzer Zeit ist ihre Halle ein Tabaksmagazin." Es wurden dem Herrn Dr. Hoorn seine **fünf** Aktien mit Zinsen, und auf sein Verlangen mit Zinseszinsen von 3 Jahren ausbezahlt. Damit hatte sich aber die Gemeinde so erschöpft, daß sie nothwendig auf Mittel sinnen mußte, ihre erschöpften Kräfte einigermaßen wieder herzustellen.

Zu diesem Zweck und überhaupt um die ganze Aktienangelegenheit zu ordnen — welche der frühere Vorstand, Herr Hack an der Spitze, in größter Unordnung gelassen hatte*), beschloß die Gemeinde in einer besonders dazu berufenen Versammlung, daß jetzt ein **definitiver Verloosungsplan** aufgestellt, daß den bisherigen Aktienbesitzern eine **Sicherheit** durch Anweisung auf die Gemeindehalle gegeben und daß der Versuch gemacht werde, die früher abgebrochene Aktienzeichnung fortzusetzen. Diese neue Aktienzeichnung war nun im erfreulichsten Gang; es waren bereits mehrere hundert Gulden auf's Neue gezeichnet, und noch viele Freunde unserer Sache hatten sich, nicht beirrt durch die neuesten Meinungsstreitigkeiten, zur Uebernahme von Aktien oder zur Zahlung einmaliger Beiträge bereit erklärt. Da geschah das Unerwartete, Herr Rath Hack erwirkte, daß diesem Zeichnen von weiteren Aktien Halt geboten wurde, indem er, auf den von ihm eingeleiteteten Prozeß gegen die freireligiöse Gemeinde sich berufend, einen Eintrag in's Pfandbuch machen ließ! Obgleich er **selber** also die letzte Schuld daran trug, daß wegen der von ihm in Unordnung hinterlassenen Aktienangelegenheit, die Gemeinde zu der obigen Rückzahlung an Herrn Dr. Hoorn gezwungen wurde, nichtsdestoweniger machte er es jetzt selbst der Gemeinde unmöglich, die Schritte fortzusetzen, durch welche sie Ordnung und Sicherheit in jene Angelegenheit bringen und ihre — durch seine Schuld — erschöpften Kräfte wieder herzustellen suchte! —

Die Gemeinde war somit genöthigt, nach beiden Seiten hin sich um ihr Recht zu wehren; sie mußte die unbegründete Zumuthung zurückweisen, daß eine beliebige Zahl Mitglieder heute oder morgen sich von ihr lossagt und zu einer besonderen Gemeinde zusammenthut, mit besonderer Verfassung, besonderem Prediger, besonderem Namen, trotzdem aber sich nach wie vor als Miteigenthümerin der Gemeindehalle betrachtet wissen will; und eben so mußte sie sich gegenüber dem Eintrag in's Pfandbuch die Hände frei machen, um in der Sorge für Erfüllung ihrer Verbindlichkeiten nicht gehemmt zu sein.

---

*) Bei dieser Gelegenheit sei erwähnt, daß, als Herr Hack 1861 seine Stelle als Vorstand niederlegte, der Vorstand beschloß, ihm für seine langjährigen Dienste, die er der Gemeinde geleistet, seinen Dank auszusprechen und als äußeres Zeichen ihm einen Becher überreichte; das ist geschehen, ohne damit ein Zeugniß der „Unfehlbarkeit" ausstellen zu wollen, wie es Herr Hack zu betrachten scheint, wenn er sich zur Widerlegung aller Angriffe auf jenen Vorgang oft beruft.

Sie beauftragte darum einen Rechtsanwalt, in dem von der Minderheit eingeleiteten Prozeß sie zu vertreten.

Ehe jedoch der beiden Theilen von dem Großh. Amtsgericht festgesetzte Termin erschien, wurde die zwischen beiden bestehende Spannung noch durch andere Vorkommnisse vergrößert und befestigt.

Die Minderheit hatte den Beschluß gefaßt, auch ihrerseits sonntägliche Versammlungen zu halten, und hatte sich zu diesem Zweck an auswärtige Prediger gewendet. In Dieser Hand lag es, durch Annahme der Einladung das Zerwürfniß zu nähren, durch Ablehnen eine bäldere gegenseitige Annäherung möglich zu machen. Das mag hart klingen, aber es ist eben so wahr, als es wahr ist, daß es niemals so weit überhaupt gekommen wäre, wenn nicht gleich im Anfang auswärtige Stimmen sich in unsere Angelegenheit gemischt und parteiisch auf Seite der Minderheit gestellt hätten, ohne genau zu wissen, wie die Dinge stehen. Und daß es wahr ist, beweisen wohl auch die Urtheile, welche selbst von Seiten der Gegner des Gemeindebeschlusses über das Abendmahl, bezüglich des Hieherkommens auswärtiger Prediger mehrfach mißbilligend sich geäußert haben.

Jedenfalls aber mußte die vorhandene Spannung und Parteiung dadurch in doppeltem Grad erhöht und verstärkt werden, daß die herbeigerufenen Prediger es nicht einmal der Mühe werth hielten, bei ihrem Hiersein auch nur ein einziges Mitglied des Vorstandes der freireligiösen Gemeinde aufzusuchen, um von ihm persönlich zu hören, wie die Sachen stehen. Von mir selber spreche ich nicht. Ich nehme an, daß auswärts man mich für den Haupturheber all dieser Vorgänge hält, und daß man bei mir nur eine einseitige, parteiische Darstellung derselben glaubte erwarten zu müssen. Aber im Vorstand sind außer mir 10 Mitglieder, und auch von diesen hat man kein einziges der Mühe werth gefunden, über die schwebenden Verhältnisse sich mit ihm zu besprechen. Sage man, was man will, das ist eben so unrecht, als es von der Seite gerade wo man so viel von den „Ideen der Brüderlichkeit" spricht, unbrüderlich, lieblos, parteiisch und geringschätzend ist. Die Prediger, welche von der Minderheit berufen wurden, waren: Ronge, Kerbler und Hieronymi, deren letzter jedoch wieder abbestellt wurde. Wohl hat Ronge, ehe er am 2. November hierher kam, dem Vorstande der freireligiösen Gemeinde sein Kommen angezeigt und daß seine Absicht sei, auf die Versöhnung hinzuarbeiten; er hat auch ein Mitglied der Mehrheit, nachdem er seinen Vortrag gehalten, über die Verhältnisse befragt; dieses Mitglied aber konnte ihm selbst beim besten Willen das in der Gemeinde Vorgegangene nicht in der Genauigkeit und mit Vorlegung schriftlicher Beweise schildern, wie ein Mitglied des Vorstandes es hätte thun können, in dessen Sitzungen Alles Einzelne war durchsprochen worden. Von Ronge aber that es der freireligiösen Gemeinde um so weher, als er früher schon, gleich nach der Versammlung vom 4. April, mehrere Briefe mit dem Vorsitzenden und dem Vorstand über die Sache gewechselt, und dabei zugestanden hatte, daß er „die Einzelnheiten von ferne aus nicht so beurtheilen könne, und nicht genau wisse, wie die Parteien stehen".

Kerbler aber, der am 9. November kam und Vortrag hielt, hat nicht einmal eines der Mitglieder der Mehrheit aufgesucht, so wenig als er sein Hierherkommen dem Vorstand angezeigt hatte, und gab in einem acht Tage später an mich geschriebenen Brief den Grund an, „daß ihm die Zeit dazu gefehlt habe". Das Nächste, was nach dem Erscheinen Ronge's und Kerbler's auf Seiten der Minderheit geschah, war, daß sie ihren Vorstand ergänzte, die Aemter desselben vertheilte und auch eine Leichenordnung festsetzte, zu deren Commission der öfter genannte L. Söllner bestimmt wurde. Herr Rath Hack wurde zum „Syndikus" ernannt.

Der dritte Prediger, welcher hierauf berufen wurde, war Hieronymi, und zwar sollte diese Versammlung, in dem „evangelischen Schulsaale" gehalten werden, der mittlerweile mit besonderer Genehmigung der Behörden der Minderheit eingeräumt worden war.

Auf die Nachricht, daß auch Hieronymi hierher komme — derselbe, welcher bei Einweihung unserer Gemeindehalle die Eröffnungsrede gehalten, und zwar in vollster Uebereinstimmung mit der ganzen Gemeinde —, hielt es der Vorstand für geboten, gerade ihm eine kurze Darstellung unserer Verhältnisse zugehen zu lassen, damit er wisse, welchen Schritt er thue, wenn er die Einladung der Minderheit annehme.

Darauf sprach sich Hieronymi einige Tage vor seinem Hierherkommen, in einem Brief offen aus, und bemerkte unter Anderm, daß er nicht in der Absicht käme, „jener Partei mich hinzugeben, oder ihr für immer zu einer gesonderten Existenz zu verhelfen, sondern in der Hoffnung, eine künftige Vereinigung zu ermöglichen". Er beklagte, seinen hiesigen „Freunden als Gegner erscheinen zu müssen, was er nicht sei", und sprach seine Ansicht über den Streit wegen der Gemeindehalle dahin aus, daß wir ihnen „den Mitgebrauch einräumen sollen; ein Eigenthumsrecht aber haben die Ausgeschiedenen nicht und werden auch von dem Staatsgesetze, an das sie bedauerlicher Weise appelliren, nicht als Eigenthümerin anerkannt werden können. Eigenthümerin ist die rechtlich bestehende Majorität." Auf diesen Brief hin und weil man unserer Seits gerade dem von Hieronymi im „Sonntagsblatt" früher erschienenen Artikel über unsere Verfassungsänderung die Hauptschuld gab, daß die Spaltung sich vergrößert hatte, andererseits aber sich der Hoffnung hingab, wenn er jetzt durch persönliche Rücksprache mit uns die Verhältnisse werde anders anschauen lernen, so werde gerade er zur Berichtigung des öffentlichen Urtheils beitragen können, wurde von den Mitgliedern der freireligiösen Gemeinde beschlossen, Hieronymi zu ersuchen, daß er bei seinem Hierherkommen eine Stunde auch mit uns zusammen sein möge. Wir verabredeten uns mit ihm, in welchem Lokal er die Mitglieder der freireligiösen Gemeinde treffen solle, und freuten uns bei dieser Gelegenheit, wo nicht nur ich oder der Vorstand, sondern auch die übrigen Mitglieder versammelt wären, offen über unsere Vorgänge mit ihm zu sprechen.

Dieses Zusammentreffen wurde aber vereitelt. Ich weiß nicht aus was für Gründen, erhielt er vom Vorstand der Minderheit eine telegraphische Depesche, welche sein Hierherkommen abbestellte, und auf diese hin schrieb er uns, daß er nicht komme, aber dazu bereit sei, wenn wir zu anderer Zeit es vielleicht für wünschenswerth hielten.

Als Beweis, wie sehr uns an einer persönlichen Besprechung mit ihm gelegen, baten wir ihn sofort, daß er, auch ohne von der Minderheit gerufen zu sein, gleich in den nächsten Tagen direkt zu uns kommen sollte. Aber auch dieser Wunsch wurde uns nicht erfüllt.

Inzwischen war allerdings das Neue hinzugekommen, daß die „deutschkatholische" Minderheit Herrn Dr. Hoorn v. Kalkenstein als besonderen Prediger sich gewählt und die Einführung in seine Wirksamkeit auf Weihnacht festgesetzt hatte. Hieronymi hielt unter diesen Umständen sein Zusammenkommen für zwecklos, und wenn er dabei blos an eine unmittelbare Einwirkung auf die Minderheit von seiner Seite dachte, so kann das zugegeben werden. Uebersehen aber hat er, daß unsere Absicht war, ihn überhaupt über das Vorgefallene aufzuklären und durch seine Vermittelung eine gerechtere Würdigung unserer ganzen Handlungsweise namentlich in der öffentlichen Presse zu erlangen.

Daß er uns dazu nicht die Hand geboten, was bei der geringen Entfernung von Mainz und Mannheim eine Kleinigkeit war, das mußte uns um so mehr befremden, als er in seinem Brief, worin er sich entschuldigte, von sich und den andern Gemeinden und Predigern sagt, „es muß unsererseits das Mögliche gethan werden, um die doppelte Gemeindebildung zu verhüten".

Inzwischen war nun der Termin gekommen, an welchem — am 25. November — beide Parteien, in Folge des von der Minderheit eingeleiteten Prozesses vor dem hiesigen Amtsgerichte zu erscheinen hatten. Aber siehe da, was geschah? Herr Rath Hack, als Anwalt und Wortführer der Minderheit, trug darauf an, daß der Prozeß „bis auf Anrufen beruhen sollte", womit unser Anwalt sich vorläufig einverstanden erklärte. Die Mehrheit selbst aber und in ihrem Namen der Vorstand, konnte sich mit einer solchen Wendung der Sache aus doppeltem Grund nicht zufrieden erklären. Wäre es der klagenden Partei ernstlich um Friede und Verständigung zu thun gewesen, dann war es an ihr, zu allererst den Eintrag in das Pfandbuch zurückzunehmen und uns die Hände nicht länger zu binden, damit wir der vorhandenen Unordnung und Unsicherheit der Aktienangelegenheit ein Ende machen und damit die Gemeinde ihre durch die Auszahlung jener fünf Aktien an Herrn Dr. Hoorn erschöpften Kräfte wieder herstellen könne. Dieser Pfandeintrag wurde aber nicht zurückgenommen. Was die freireligiöse Gemeinde jedoch ganz verhinderte, mit der beliebten Wendung des Prozesses sich einverstanden zu erklären, war der Umstand, daß dadurch der Prozeß selbst nicht zurückgenommen war, er sollte nur „beruhen bis auf weiteres Anrufen"; das Damoklesschwert sollte also nach wie vor über der Gemeinde schweben! Jemehr sie daher von ihrem guten Rechte überzeugt war, und je weniger sie einen wirklichen Ernst, Friede zu machen, auf der andern Seite sah, desto fester stund ihr Entschluß, mit dieser Wendung des Prozesses sich nicht zu begnügen, sondern darauf anzutragen, daß er entschieden werde.

Sie übergab darum eine möglichst vollständige Darstellung aller einschlagenden Punkte durch ihren Rechtsanwalt bei Großh. Amtsgerichte, worin dieser namentlich die Uebereinstimmung ihrer ganzen Handlungsweise mit ihrer Verfassung und selbst den Grundsätzen des Leipziger Conzils nachwies und am Schlusse noch besonders hervorhob, daß die Klägerin sich nicht gescheut habe, „betrügerisch" (dolose) zu handeln, indem sie der freireligiösen Gemeinde Beschlüsse zum Vorwurf mache, zu denen sie größtentheils nicht nur selbst mitgewirkt habe, sondern deren wichtigste einer der Kläger, Herr Rath Hack selbst veranlaßt habe!"

Zwei Tage vorher, nämlich am 25. Dezbr., war Dr. Hoorn v. Kalkenstein als Prediger der „deutsch-katholischen" Minderheit in seine Stellung eingeführt worden, wobei Herr Rath Hack die einleitenden Worte sprach und den Hauptunterschied der „deutsch-katholischen" Minderheit von der „freireligiösen" Mehrheit in die Worte zusammenfaßte, „die ersteren seien geblieben, was und wo sie waren, die anderen seien nach Gotha gegangen"!

In dieser nämlichen Versammlung aber, in welcher Herr Dr. Hoorn als Prediger der Minderheit in seine Stelle eingeführt wurde, ereignete sich noch Folgendes: Es wurden am Schluß den Herausgehenden, also auch Nichtmitgliedern, Exemplare eines lithographirten Schreibens in die Hände gegeben, und zwar ist es dasselbe, wovon ich oben gelegentlich der Bundesversammlung in Gotha gesprochen habe. Dieses lithographirte Schreiben bildet einen ganz räthselhaften Bestandtheil dessen, was im Lauf der Monate von Seiten der Minderheit gegen uns geschehen ist. Es ist adressirt an die „Mitglieder der freireligiösen Gemeinde", angeblich ausgehend von „unterzeichneten Mitgliedern mehrerer benachbarten Gemeinden", die es für ihre Pflicht halten, ein „ernstes Freundeswort" an uns zu richten.

Nun sollte man nach allen Begriffen von Recht, Takt und Schicklichkeit von vornherein wenigstens annehmen, dieses Schreiben, das an uns als „Freundeswort" gerichtet ist, sei auch im Original uns zugeschickt worden. Das Räthselhafte ist nun aber, daß weder wir, weder der Vorstand, noch ein Einzelner von uns, ein solches Originalschreiben je erhalten, noch daß die Mitglieder der benachbarten Gemeinden, die sich am Eingang des Schreibens selber die „Unterzeichneten" nennen, am Schluß des Schreibens wirklich unterzeichnet sind! Der Schreiber schließt mit einem „brüderlichen Gruß"; kein einziger Name aber, nicht einmal dessen, der anzunehmender Weise im Auftrag von Mehreren es verfaßt habe, ist unterschrieben. Wäre nun das Schreiben ein einfaches Friedenswort, so könnten wir uns am Ende über diese Unerklärlichkeit leicht hinwegsetzen. Es enthält aber nichts als Anklagen gegen uns, und darunter namentlich die früher erwähnte, daß ich die Verhandlungen in Gotha in meinem Bericht an die Gemeinde „entstellt" hätte; es enthält die Anklagen, daß wir mit unserm Beschluß über das Abendmahl „Gewissenszwang" ausüben; daß wir kein Recht hätten, unsere Vorgänge und den Unterschied unserer beiderseitigen Richtung mit der früheren „paulinischen" und „petrinischen" zu vergleichen; daß wir uns „schämen" sollten, ähnliche Streitigkeiten wie diese und die späteren des Protestantismus unter uns aufzufrischen, und daß wir durch Verweigerung des Mitgebrauchs der Halle (die wir nur gegenüber dem Anspruch auf gleiches Eigenthumsrecht verweigert haben, durchaus aber nicht und niemals im Allgemeinen) einen „Makel" auf alle Gemeinden geworfen hätten, „der nicht an ihrem Namen dürfe haften bleiben."

Von einem Schreiben, das mit solchen Anklagen gegen uns auftritt, und zwar nicht nur innerhalb unserer Gemeinde, sondern in der Oeffentlichkeit überhaupt, von diesem und seinen Verfassern hatten wir das Recht, zu erwarten, daß sie so ehrlich sind, sich uns zu nennen, und hatten das Recht, zu erwarten, daß, ehe es durch Vervielfältigung verbreitet wird, es zuerst wenigstens in unsere Hände gelange. Wir ersuchten daher Herrn Dr. Hoorn, bei dessen Einführung dieses Aktenstück ausgetheilt worden war, und von dem wir annehmen mußten, daß es wenigstens nicht ohne sein Wissen geschehen ist, uns Aufklärung zu geben. Herr Dr. Hoorn aber erklärte uns, „er wisse nur so viel, daß er in einer Sitzung gehört habe: „Ronge hätte an den Vorstand der Minderheit geschrieben, daß er im Namen Mehrerer ein Schreiben an uns geschickt habe und daß er dieses Schreiben in Abschrift beilege. Mehr, namentlich ob Ronge die Vollmacht gegeben, dieses Schreiben zu vervielfältigen, das wisse er nicht."

Es blieb uns somit, um der Sache auf den Grund zu kommen, nichts übrig, als uns an Ronge selbst zu wenden. Wir baten ihn, Seitens des Vorstandes, da wir dieses von Herrn Dr. Hoorn gehört, uns Aufschluß zu geben, und legten ein Exemplar des lithographirten Schreibens bei. Es verging eine Woche, zwei und drei, wir erhielten keine Antwort. Wir schrieben noch einmal und es sind seit diesem letzten Brief an Ronge bereits wieder mehrere Wochen verstrichen, wir haben bis zur Stunde keine Antwort......

Indem ich jedem billig Denkenden die Lösung dieses Räthsels selbst überlasse und mich persönlich jedes Urtheils enthalte, gehe ich zum Schluß dieser Darstellung über.

Am 17. Januar 1863 theilte Herr Rath Hack der freireligiösen Gemeinde mit, daß er auf deren oben erwähnte Erklärung bei Großh. Amtsgericht einen „Vergleich" eingereicht habe, und als dieser später vom Großh. Amtsgerichte uns selber zugeschickt wurde, ersahen wir daraus, daß dieser Vergleich in Folgendem bestehen sollte: 1) Die Minderheit als Klägerin läßt den Prozeß auf sich beruhen und jeder Theil trägt seine Kosten. 2) Die Beklagte überläßt der Klägerin den Saal des „Bethauses" zur Mitbenutzung des Gottesdienstes am Sonntag Morgens 10 Uhr, je 14 Tage. 3) Die Mitbenutzung tritt erst dann ein, wenn der Klägerin der evangelische Schulhaussaal entzogen wird. 4) Die Einigung in der Hauptsache bleibt vorbehalten. Am Schluß heißt es in dieser Eingabe des Hrn. Rath Hack an das Großh. Amtsgericht: „Ich bitte das Gegentheil hierüber zu hören, werde seiner Zeit spezielle Vollmacht vorlegen, bitte aber bis dahin meine Erklärung in der Haptsache offen zu lassen."

Trotz aller friedlich klingenden Redensarten von „Vergleich", war sonach auch jetzt noch keine Rede davon, den wiederholt besprochenen Eintrag in's Pfandbuch zurückzunehmen, unsere Hände sollten uns nach wie vor gebunden bleiben, wir sollten uns wie Gleichberechtigte in den Gebrauch der Halle theilen und die Frage, wer der rechtmäßige Eigenthümer sei, sollte offen bleiben! Darauf konnten wir nicht eingehen, so wenig als auf den früheren Antrag, den Prozeß beruhen zu lassen „bis auf weiteres Anrufen".

Wir ließen durch unsern Anwalt daher wiederholt erklären, daß wir eine endgültige Entscheidung verlangen, und daß Alles Uebereinkommen wegen Mitgebrauchs der Halle, den wir grundsätzlich gar nicht verweigern und nie verweigert haben, Sache einer freien Verständigung sei, zu der wir keiner Behörde bedürfen. Die Entscheidung erfolgte nun auch in diesen Tagen — am 11. Februar — und die Gründe lauten, wie folgt:

„Entscheidungsgründe.

Die mit Staatserlaubniß bestandene und Corporationsrechte besitzende frühere deutschkatholische Gemeinde hatte ein Bethaus dahier erbaut.

Diese Gemeinde stützte sich ursprünglich auf die Grundlage der Leipziger Beschlüsse, deren § 51 jedoch besagt, daß

„alle (vorher namhaft gemachten) Bestimmungen nicht für alle Zeiten festgesetzt sein sollen, sondern nach dem jedesmaligen Zeitbewußtsein von der Kirchengemeinde

Die Bezeichnung „freireligiöse Gemeinde" wurde von der Oberaufsichtsbehörde gebilligt, und steht also ihrem Bestehen kein formelles Bedenken im Wege.

Die alte deutschkatholische Gemeinde hat sich also in eine Freireligiöse verwandelt, deren Benennung als solche erlaubt wurde, die alte Gemeinde hat Gebrauch gemacht von ihrem Befugniß, die Statuten ihrer Gemeinde, welche alle Bestimmungen über das kirchliche Leben umfassen, zu ändern.

Ob nun die Tendenzen der neuen freireligiösen Gemeinde dem ursprünglichen Character des Deutschkatholicismus entsprechen oder nicht, ob die neue freireligiöse Gemeinde giltige oder ungiltige, erlaubte oder unerlaubte Theorieen aufgestellt, dies Alles kann nicht vom Civilrichter entschieden werden.

Solange die freireligiöse Gemeinde besteht, und zwar mit Staatsgenehmigung besteht, solange die Oberaufsichtsbehörden — denen allein hierüber eine Cognition zusteht — kein Verbot dagegen wegen Verlassens der ursprünglichen Statuten erlassen, solange muß der Richter die aus der deutschkatholischen Gemeinde hervorgegangene freireligiöse Gemeinde als die Repräsentantin der früheren deutschkatholischen Gemeinde ansehen.

Ob nun die mit Stimmenmehrheit angenommenen neuen Satzungen dem ursprünglichen Zwecke des Deutschkatholicismus entsprechen oder nicht, kann und soll vom Civilrichter nicht beurtheilt werden.

Wenn die Minderheit formelle Fehler, materielle Befugnißüberschreitungen, Uebereilungen und dergleichen behauptet, so steht ihr frei, neue Generalversammlungen anzustreben, neue Beschlüsse zu veranlassen und dergleichen, aber eine austretende Minorität hat unter den angegebenen Umständen nicht das Recht, sich als Gemeinde und Eigenthümerin des Gemeindeeigenthums anzusehen — sowenig als diejenigen, die wegen Competenzüberschreitungen aus einer bürgerlichen Gemeinde austreten, berechtigt sind, sich als die wahre Gemeinde, und ihre Gegner als eine pflichtüberschreitende ausgetretene Majorität zu erklären.

Die Klage auf Gestattung eines Mitgenusses am Gemeindeeigenthum und auf Anerkennung des Miteigenthums an demselben muß daher als verwirklich erscheinen.

Aus diesem Grunde wurde, wie geschehen, erkannt."

Dagegen hat nun Herr Rath Hack die Appellation an eine höhere Instanz sofort angezeigt. So steht die Sache im Augenblick, wo diese Darstellung der Vorgänge der Oeffentlichkeit übergeben wird.

* * *

Was nun schließlich diese ganze Angelegenheit betrifft, so glaube ich im Vorstehenden Alles gesagt zu haben, was nöthig ist, um ein gerechtes Urtheil darauf zu gründen. Ich kann aber mir und meinen Gesinnungsgenossen die Genugthuung nicht versagen, eine Stelle aus einem Briefe noch mitzutheilen, den ich während der obigen Verhandlungen von einem Manne erhalten habe, der sowohl durch seine wissenschaftlichen Kenntnisse, als seinen milden, versöhnlichen Character eine der ersten Stellen unter den Predigern der freireligiösen Gemeinden von den Jahren ihres ersten Entstehens an einnimmt, und der sich in folgender Weise über diese Angelegenheit äussert:

"Was die Mannheimer betrifft, so sind sie, das wird Niemand bezweifeln, in ihrem Rechte, sich ihren Haushalt nach freier Selbstbestimmung einzurichten. Ich spüre aber nicht gerade Neigung, dazu mitzuhelfen, daß wir es, z. B. hier, flugs eben so machen wie sie. — Dergleichen Gebräuche, wie das Abendmahl, als alte symbolische Ceremonien — das sagt mir meine Erfahrung — fallen immer mehr von selbst, je mehr man beherzigt, daß sie von Anfang an, nach freireligiösen Grundsätzen, nur als „freie Sitte" gelten konnten, und daß wir ihnen deßhalb auch keine wesentliche Bedeutung beizulegen, sie nur als etwas Nebensächliches, Untergeordnetes, Unwesentliches zu betrachten vermochten. Hauptsache bleibt uns immer, daß der Gottesdienst der Religion der Menschlichkeit (Humanität) und ihre Uebung, nicht Ceremonie ist oder sonstiger heiliger Brauch, sondern die sittliche, edle That des Lebens, ein Leben voll Wahrheit, Gerechtigkeit und Liebe. Ich stimme Berthold Auerbach (Volkskalender 1859) bei, wenn er sagt:

„„Das eben ist ein Wahrzeichen der neuen Welt, daß sie sich an dem unmittelbaren Gedanken allein genügen muß, und es ist immer mehr die Aufgabe der Menschheit, den Gedanken des Ewigen, ohne Bild und ohne Zeichen, rein und klar zu erkennen und auszubreiten.""

Ja, ich betrachte es als eine Aufgabe der Zeit und zunächst insbesondere als unsere Aufgabe, dem Ziele zuzustreben, welches der Jenenser Professor Dr. E. F. Apelt schon im J. 1845 in seinem Buche: „die Epochen der Geschichte der Menschheit"" andeutet, wenn er sagt:

„„Gelänge es, die religiösen Ideen in ihrer Reinheit darzustellen und ihre objective Gültigkeit bazuthun, ohne sie auf kosmische Bilder und historische Traditionen zu fundiren, so wäre die Religion für immer aus aller Gefahr gerettet.""

So wenig ich nun, wie gesagt, Lust verspüre, es hier ebenso nachmachen zu helfen, wie die Mannheimer, eben so wenig würde ich mich veranlaßt gefühlt haben, über den Schritt derselben so viele Worte zu machen, wie unser Hieronymi, welcher doch im Ganzen nicht läugnen kann, daß die Mannheimer in ihrem guten Rechte sind. Ich denke vielmehr so:

Auch in den gewöhnlichen Dingen des Lebens hat jeder Haushalt seine eigenthümliche Einrichtung, trifft seine Anordnungen und Veränderungen nach freier Entschließung. Kam zwischen den Gliedern eines Hauses einmal Etwas vor, was ein Auseinandergehen der Meinungen, wohl auch einen häuslichen Zwist zu Tage förderte: so ist der Friede — wenn er wirklich einmal gestört war — in den meisten Fällen noch immer am ehesten wieder hergestellt worden und die Verständigung zu Stande gekommen, wenn sich Andere unberufen nicht hineinmischten oder wohl gar heimlich hetzten, statt zu versöhnen.

Das ist meine schlichte Meinung.

Uebrigens meinerseits noch Dank für Euern Schritt dort! Denn, wenn ich ihn auch hier nicht gleich nachzumachen für gut halte, er hat seinen großen Nutzen. Wie kläglich aber, wenn Jemand beßhalb aus einer Gemeinde auszutreten sich getrieben fühlt! Ich fasse das nicht und vermöchte es nicht."

Von demselben Verfasser ist früher erschienen:

Opfer und Opfermahle des Alterthums, mit Einschluß des Abendmahls. Mannheim, Tob. Löffler. 1862.

Die Brüder. Eine Alpenscene. Ebendas.

Drei Stimmen aus Frankreich, England und Amerika, über die religiöse Bewegung der Gegenwart. Ebendas.

Offener Brief an den protest. Kirchengemeinderath zu Pforzheim. Ebendas.

Vergessene Quellen der Wahrheit. Sieben Vorträge. 1860. Ebendas.